U0833205

佤族作为中华民族大家庭的成员之一，根据2010年全国第六次人口普查佤族全国总人数429 709人，主要分布在云南省沧源佤族自治县和西盟佤族自治县，耿马、孟连、双江、澜沧、镇康、永德、昌宁、勐海、梁河等县亦有分布。

走近中国少数民族丛书

主 编/ 丹珠昂奔

# 佤 族

Wazu

郭锐 著

辽宁民族出版社

© 郭锐 2014

**图书在版编目（CIP）数据**

佤族/郭锐著. —沈阳：辽宁民族出版社，2014. 12
（走近中国少数民族丛书/丹珠昂奔主编）
ISBN 978-7-5497-0942-7

Ⅰ. ①佤… Ⅱ. ①郭… Ⅲ. ①佤族—民族历史—中国 ②佤族—民族文化—中国 Ⅳ. ①K285.5

中国版本图书馆CIP数据核字（2014）第310813号

**走近中国少数民族丛书·佤族**
ZOUJIN ZHONGGUO SHAOSHUMINZU CONGSHU·WAZU

丛书策划/李凤山

出版发行者：辽宁民族出版社
地　　址：沈阳市和平区十一纬路25号　邮编：110003
印 刷 者：沈阳新华印刷厂
幅面尺寸：170mm×240mm
印　　张：13.25
字　　数：190千字
出版时间：2015年8月第1版
印刷时间：2015年8月第1次印刷
责任编辑：李凤山　吴昕阳　张学林
封面设计：杜　江
责任印制：杨　雪
责任校对：边京爱　林　华

标准书号：ISBN 978-7-5497-0942-7
定　　价：38.00元

法律顾问：陈　光
举报电话：024-23284336
版权专有　侵权必究
如有印装质量问题，请与出版社联系调换
邮购电话：024-23284335
联系电话：024-23284340
网　　址：www.lnmzcbs.com
淘宝网店：lnmz2013.taobao.com

# 《走近中国少数民族丛书》编辑委员会


主　编/丹珠昂奔（藏族）

副主编/武翠英　张学进　李凤山（蒙古族）

编　委/（按姓氏笔画为序）

| | | |
|---|---|---|
| 巴哈提（哈萨克族） | 白兰英（蒙古族） | 白庚胜（纳西族） |
| 吕　怡 | 朱　虹（蒙古族） | 权春哲（朝鲜族） |
| 吴昕阳（满族） | 佟　强（蒙古族） | 张学林（朝鲜族） |
| 李有明（回族） | 李　欣（朝鲜族） | 李　璜 |
| 杜　江 | 陈　丹（彝族） | 金顺玉（朝鲜族） |
| 钟廷雄（壮族） | 徐　凯 | 殷德俭 |
| 莫福山（藏族） | 萨仁图娅（蒙古族） | 黄如猛（壮族） |

## 《走近中国少数民族丛书》作者名录

《蒙古族》 萨仁图娅（蒙古族）
《回族》 许宪隆（回族） 张龙（汉族）
《藏族》 丹珠昂奔（藏族）
《维吾尔族》 艾克拜尔·吾拉木（维吾尔族）
买力克·买买提（维吾尔族）
伊利迪尔（维吾尔族）
《苗族》 石莉芸（苗族） 李云兵（苗族）
《彝族》 陈国光（彝族）
《壮族》 黄佩华（壮族）
《布依族》 周国炎（布依族）
《朝鲜族》 黄有福（朝鲜族）
《满族》 于今（满族）
《侗族》 杨筑慧（侗族）
《瑶族》 玉时阶（壮族）
《白族》 董建中（白族）
《土家族》 罗中（土家族） 罗午（土家族）
《哈尼族》 朱志民（哈尼族） 李泽然（哈尼族）
《哈萨克族》 艾克拜尔·米吉提（哈萨克族）
伊拉达·拉音别克（哈萨克族）
《傣族》 赵瑛（傣族）
《黎族》 罗文雄（黎族）
《傈僳族》 鲁建彪（傈僳族） 欧光明（傈僳族）
《佤族》 郭锐（佤族）
《畲族》 钟亮（畲族）
《台湾少数民族》 林华（台湾少数民族）
《拉祜族》 苏翠薇（拉祜族）
《水族》 韦学纯（水族）
《东乡族》 马兆熙（东乡族） 马自祥（东乡族）
《纳西族》 白庚胜（纳西族） 孙淑玲（汉族）
白羲（纳西族）
《景颇族》 金黎燕（景颇族）
《柯尔克孜族》 阿地里·居玛吐尔地（柯尔克孜族）
《土族》 祁进玉（土族） 东永学（土族）
《达斡尔族》 毅松（达斡尔族）
《仫佬族》 黎学锐（仫佬族） 黎炼（仫佬族）
《羌族》 雍继荣（羌族） 罗吉华（羌族）
周发成（羌族）
《布朗族》 陶玉明（布朗族）
《撒拉族》 马成俊（撒拉族） 马建新（撒拉族）
《毛南族》 韩德明（汉族）
《仡佬族》 周小艺（仡佬族）
《锡伯族》 阿苏（锡伯族） 盛丰田（锡伯族）
何荣伟（锡伯族）
《阿昌族》 们发延（阿昌族） 张斯齐（蒙古族）
《普米族》 朱凌飞（汉族） 杨周明（普米族）
《塔吉克族》 西仁·库尔班（塔吉克族）
阿力木江·西仁（塔吉克族）
《怒族》 李月英（傈僳族） 张芮婕（傈僳族）
《乌孜别克族》 吾尔买提江·阿布都热合曼（乌孜别克族）
《俄罗斯族》 乃珂热曼·依布拉音（塔吉克族）
《鄂温克族》 黄任远（汉族） 那晓波（鄂温克族）
《德昂族》 袁丽华（汉族） 王燕（汉族）
《保安族》 马少青（保安族）
《裕固族》 董潇红（裕固族） 王政德（藏族）
《京族》 吕俊彪（汉族）
《塔塔尔族》 卡米力·库尔马尤夫（塔塔尔族）
《独龙族》 李金明（独龙族）
《鄂伦春族》 王为华（汉族）
《赫哲族》 黄任远（汉族）
《门巴族》 陈立明（汉族） 张媛（汉族）
《珞巴族》 陈立明（汉族） 李锦萍（汉族）
《基诺族》 朱映占（汉族）

# 总序

中国是一个统一的多民族国家，几千年来，有着悠久历史和灿烂文化的少数民族，与汉族一道，在中华大地上繁衍生息，共同开发着这块土地，建设、发展、捍卫着这个古老而伟大的国家。各民族都是兄弟，相互离不开，都是这个国家的主人。习近平总书记在第二次中央新疆工作座谈会上发表重要讲话，指出："要坚定不移坚持党的民族政策、坚持民族区域自治制度。民族团结是各族人民的生命线。要高举各民族大团结的旗帜，在各民族中牢固树立国家意识、公民意识、中华民族共同体意识，最大限度团结依靠各族群众，使每个民族、每个公民都为实现中华民族伟大复兴的中国梦贡献力量，共享祖国繁荣发展的成果。各民族要相互了解、相互尊重、相互包容、相互欣赏、相互学习、相互帮助，像石榴籽那样紧紧抱在一起。要在各族群众中牢固树立正确的祖国观、民族观，弘扬社会主义核心价值体系和社会主义核心价值观，增强各族群众对伟大祖国的认同、对中华民族的认同、对中华文化的认同、对中国特色社会主义道路的认同。"因此，坚持平等、团结、互助、和谐的社会主义民族关系，不断增进了解、紧密关系，深化友谊、建立牢不可破的感情基础，是中国社会转型期、改革攻坚期、矛盾多发期保持社会稳定、发展的基本要求，也是实现中华民族伟大复兴的中国梦的基本要求。

为了进一步宣传我国少数民族的历史文化和民族风情，增强对少数民族的认识，宣传党的民族政策和方针，加强各民族之间的了解与沟通，让读者了解少数民族文化，加深对我党民族政策的理解，中华人民共和国国家民族事务委员会文化宣传司和辽宁民族出版社共同策划了《走近中国少数民族丛书》。

依据上述原则，《走近中国少数民族丛书》的编写有以下三个特点：第一，采用图文并茂的形式、鲜活生动的语言、特色浓郁的图片以及丰富的民族常识链接，向读者展示我国55个少数民族的历史渊源、民族变迁、社会生活、文化艺术、风俗习惯、历史人物和民族区域自治政策的伟大实践。第二，作者多为本民族专家学者和与民族研究工作相关的专家学者，对自己撰述的对象既有深厚知识积累，也有真挚情感。第三，内容彰显了历史与现实、民族文化与地域文化、民族区域自治地方与散杂居地区少数民族生产生活的多彩画卷和轨迹，引导读者走近少数民族，聆听他们的古老传说，感受他们的发展变化，加深彼此的沟通和了解。这套《走近中国少数民族丛书》是面向民族干部和各级干部通览我国少数民族概况的普及读本，也是图书馆必备藏书。

《走近中国少数民族丛书》所揭示的每一个民族的历史，都承载着这个民族的文化，也承载着这个民族的发展和未来。中华大地孕育的55个少数民族多彩斑斓的民族文化，同汉族文化一道从远古走到今天，汇入了中华文化壮阔的历史长河。“共同团结奋斗，共同繁荣发展”，保护、传承和弘扬少数民族优秀文化，不仅是推动我国民族团结进步事业的重要内容，也是构建和谐社会、实现中华民族伟大复兴的中国梦的重要使命。期待通过《走近中国少数民族丛书》，使广大读者徜徉于少数民族多彩风情的同时，更加深刻地了解和认知中华民族多元一体的文化内涵，感受中华民族悠悠历史的深远与厚重。

丹珠昂奔

2014年6月26日

# 前言

## 佤族 智慧与奔放的民族

佤族文化博大精深，历史悠远。在远古，连接中国西南和东南亚的广袤土地上，佤族的直系先民——孟高棉族群就是此区域的世居民族。只要我们不局限于今人仅以现代民族边界的狭义路径来看待历史的话，豁然于眼帘的必是另一种历史景观。

先不论中国境内与佤族有着清晰族源脉络关系的德昂、布朗、仡佬等，泰国、柬埔寨、老挝、缅甸、越南均有他们的亲缘族群，并以不同的民族称谓广泛分布。据维基百科统计，孟高棉语族中，最多的约为7 000万人使用越南语，2 000万人使用高棉语。在中国使用的语言当中，亦有约十种属于孟高棉语。

本书作为一类普及型面向大众的通俗读物，我们书写的原则是：在尊重历史，尊重事实的前提下，尽量做到内容丰富详实，尽量贴近本真。让读者通过阅读，从字里行间，发现这个民族的历史脉络、风俗习惯、生活方式、人文特点以及他们看待世界的方式方法等，从中认识这个民族的概貌。力图为读者打开一扇窗，展示一帖画，在阅读中增长见识，真切感受中华民族大家庭意味着什么，多元一体为什么是中国历史的基本面。使人们在共和国的社会框架中，达到学会和懂得包容差异、尊重彼此、相互欣赏这样一种理性与平和的思维境界。

在整个编写过程中，我们通过对有限的汉文史料梳理和民间传说的文本再现，力图尽可能全面地传达，构成当代佤族社会历史记忆的场景与片段，用史实澄清该民族的历史脉络，避免各种“他者”叙述中的误读与误解。

在中南半岛的古老族群中：佤族作为东南亚与东亚南部最古老的孟高

棉（Mon-Khmer）“濮”系族群后裔之一，远古时期，其先民便和布朗族、高棉族（柬埔寨民族）、孟族（缅甸民族）及德昂族（崩龙族）等民族的先民，散布于中国西南、印度东南部至东南亚中南半岛的广阔区域。

两江之间的阿佤山区：从自然地域分布的视角解读，由于佤族集中分布于中国西南连接东南亚的澜沧江南段以西和缅甸萨尔温江以东之怒山山脉南段展开地带，地跨中、缅两国，物产丰富，山峦起伏，沟壑纵横，平坝极少，所以传统上称之为“阿佤山区”。

荡气回肠的历史交响：七千多年的旱稻种植历史，原始部落时期庄严肃穆的“剽牛结盟”仪式，19世纪英勇无畏、家喻户晓的班洪抗英事件，直至20世纪中叶才废除的“猎头祭谷”习俗，这些都无一例外地唱响了佤族社会荡气回肠的历史。

民居建筑与饮食习俗：巢居的时代虽已告别，但佤族仍保留传统的“干栏式”房屋，试问，无檐怎可凭栏？寨门喜迎来客，它们守护粮仓，它们将木鼓敲响，它们也供你我“撒拉”，也供大伙儿一起尝鸡肉烂饭、畅饮水酒与嚼茶。

生命周期与人生礼俗：提醒世人思考，一个民族，因为有了人，才可能生存发展；风俗礼仪成就文化的人，因为有了文化的人，一个社会才可能变得丰富多彩。生命的意义在于它存在的无限潜能。由此，我们从生命的从出生、成长、死亡来深入了解佤族的传统风俗礼仪和禁忌规则，了解佤族人民给我们带来的传统智慧。

古老的语言，年轻的文字：用简洁的话语陈述，佤语，属于南亚语系孟高棉语族佤德语支，与佤族的历史一样悠久。而佤文呢？一直采用代代相传、口述历史的佤族，直到20世纪30年代，西方传教士才创制了拉丁字母形式的“撒拉佤文”，而现阶段使用的则是20世纪50年代中国政府创制的新版拼音佤文。

信仰世界与传统制度：综合性的分类说明，原始宗教、南传佛教、基督教、道教是佤族的主要宗教，贯穿于佤族社会生产、生活，尤其是精神生活的方方面面。除此，佤族民间还有村社制度、村寨头人大会、村寨民众大会等传统延存至今，并在日常生活中发挥着一定的作用。

传统经济生活：维系生存与发展的全过程，农业作为佤族的主要生产部门，是佤族人民赖以生存的主要生活来源，同时也有一些家庭副业和手工业。佤族的农业活动较为单一，以农耕为主，耕地又分为水田和旱地，尤其是旱地农耕，如早期的旱稻、罂粟现如今苞谷、甘蔗等作物的种植，具有浓郁的民族特色。

异彩纷呈的服饰：每个民族都有本民族的特有服饰，这不仅起到区分其他民族的作用，也反映了本民族的日常生活和别具一格的风俗习惯。在这里我们集中说明，佤族的服装多是用妇女自己纺织的棉、麻布通过浸染等加工制成，色彩多样，且装饰品极多，主要是银制品，也有少量的竹藤制品。

文学艺术与民间技艺：构筑起佤族精神生活的多彩世界。神秘诡谲的《司岗里》传说，曲调婉转的葫芦笙，节奏铿锵的“通天”木鼓，热情奔放的甩发舞，独具一格的刀舞，耳熟能详的《阿佤人民唱新歌》，爱情故事片《阿佤山》……这些艺术都源于佤族人民的生活，但又都高于生活。

生存智慧与民族节日：集中表达佤族看待世界的方式方法。作为一个勤劳、勇敢、智慧的农业民族，阿佤人民在生命生存、繁衍发展、劳动生产等过程中涌现出许多智慧的结晶，比如顺应物候节气的佤族历法、度量衡，简单有效的佤族医药体系。同时，也创造了自己极具特色的节日文化，如新水节、便克节、新米节、堆沙节等等。

由于佤族文化缺乏长时段的文字记载，更少考古学的佐证，而研究的起步更是晚近年代的事情。因此，一手资料，专业整理就显得愈加的重要。这本专书正是在这样一个简单理念的支撑下，采摘佤族文化中显见而易懂的文化因子，以图文并重的形式呈现给读者的朵朵浪花。

# 目录

# 第一章
# 中南半岛的古老族群

佤族，是东南亚与东亚南部最古老的孟高棉（Mon-Khmer）“濮”系族群后裔之一。远古时期，其先民便和布朗族、高棉族（柬埔寨民族）、孟族（缅甸民族）及德昂族（崩龙族）等民族的先民，散布于中国西南、印度东南部至东南亚中南半岛的广阔区域。

▲

佤山云海

佤族作为中华民族大家庭的成员之一，根据2010年全国第六次人口普查，佤族全国总人数429 709人，主要分布在云南省沧源佤族自治县和西盟佤族自治县，耿马、孟连、双江、澜沧、镇康、永德、昌宁、勐海、梁河等县亦有分布。

佤族还是云南跨境而居的民族之一，在缅甸北部山区、泰国北部山区及老挝的一些山区都有佤族的分布。由于佤族现今主要分布在澜沧江和萨尔温江之间的怒山山脉南段展开地带，这些地区山峦起伏，平坝极少，所以又称阿佤山区。佤族不仅居住、生活在山区，而且习惯把村寨建在靠近山头的缓坡地带，因此，有人把佤族称为"生活在云雾山中的民族"。

佤族也是我国历史悠久的少数民族之一。追根溯源，佤族是东亚南部与中南半岛上最古老的孟高棉（Mon-Khmer）族群的后裔之一。远古时代其先民既已散布中国西南、印度东南部至东南亚的广阔区域。佤族与傣、彝语支各族和汉族的关系历史悠久，

生活在云雾山中的民族

而且联系密切。在佤族的族群记忆里，在漫长的历史过程中，他们的祖先在族群冲突的残酷背景下，被迫由南向北迁移到今之阿佤山中心区，随后由此繁衍、发展、扩散，逐渐形成今天以阿佤山中心区为核心，地跨中国与缅甸两国边界的自然分布状况。

# 佤族的族源

## 佤族族源——一个民族的遥远记忆

**孟高棉先民的远古分布** 佤族虽然有比较集中的分布区——主要就是今天所说的阿佤山区，但从它的整个分布地区来讲，与云南其他地区一样，仍然有不少其他民族居住，具有民族杂居的特征。总的来看，只是佤族中心分布区、边缘区和其他地区杂居的程度不同，从以它为主到它只是当地人口的很小的一部分而已，并且这种杂居状态，也有某些特点，比如说傣族居住在山麓小坝，汉族居于坝区和交通线及集镇上，佤族和其他民族则主要居住在山区，村寨多分布在大山坡和小山巅。

佤族地区的民族构成、民族杂居的情况，是怎样形成的呢？

这需要对当地土著居民和后迁来民族的历史加以探讨。在佤族地区居住的民族中，人数较多、作用较大的有佤族、傣族、拉祜族和汉族；布朗族、德昂族与佤族属同一语族，有同源关系，历史上也难以把他们分开；其他民族人数少，作用不大，都是后迁而至的。那么，佤族、傣族、拉祜族、汉族，又是谁最早居住在这片区域呢？

追根溯源，佤族是东亚南部与东南亚最古老的“濮”系族群后裔之一。远古时代其先民既已散布到中国西南、印度东南部至东南亚的广阔区域。历史语言学专家研究证实：南亚语系各族，包括今天生活在中国云南边疆境内外的佤族、布朗族、崩龙族（德昂族）、高棉族（柬埔寨民族）和孟族（缅甸民族）等，是我国云南西南部以及缅甸、泰国、柬埔寨等广大地区最早的居民；而傣族、拉祜族、汉族由于战乱等各种原因后迁而至。

所以，佤族、布朗族和德昂族不仅是如今阿佤山的土著居民，而且原来他们的分布也很广。他们原先的分布区，东西跨澜沧江和萨尔温江，北至德宏和保山地区，南及缅甸的景栋和泰国的清迈一带，直到近代，这些地区还有少数佤族居住。镇康以北，西至腾冲、梁河，北至永平、保山，自汉至唐曾是哀牢人、濮人、望人居住区。哀牢是山名，指哀牢山区的居民，虽然其民族归属还在研究，但该地区的其他居民有濮人则毫无疑问，而且这一地区的濮人可能是孟高棉的先民。至于“望”，与今日的佤族自称的“卧”“佤”和“乌”相比，它们的辅音相同，只是元音略有变化或韵尾稍异，且现在仍有部分佤族自称“望”。因此，阿佤山以北的地区，北至保山、德宏等地，古时无疑有相当孟高棉各族的先民分布在此。在今临沧地区，也明文记载着，在傣族、拉祜族迁来之前，是“蒲蛮”之地，蒲蛮即孟高棉的先民，更进一步说，孟高棉语族佤德语支的先民。

**知识链接** 在现今阿佤山佤族分布的中心地区之南，也记有，“这类人们，……自称乌或望。然而他们最多的场合使用接近佤的名称。缅甸称他们为拉佤，暹罗（泰国）称他们为佤，汉人称他们为卡瓦。……景栋拉佤自述，而邻近诸地也说，拉佤曾是景栋区域直至景迈的土著居民”。这都证明，南至缅甸景栋、泰国清迈，也曾是佤族的主要分布区。

**族群互动的空间转换** 孟高棉先民或者说佤德语支的先民，原先分布这样广阔，现在为什么主要分布在阿佤山及其周围地区呢？这是在漫长的历史过程中经过民族迁徙的结果。云南有史以来就是民族交错的地区，既有氐羌族系、百越族系，也有孟高棉语族佤德语支的先民。他们既互相共处，又互相争夺。

唐朝时期，南诏奴隶政权统治了云南。南诏因为统治需要，曾对统治下的民族进行过较大规模的迁徙。它曾把保山一带永昌地区的居民，主要是佤德语支各族和部分傣族迁至内地。元、明两代，大量汉族居民移居滇西。与此同时，以今西双版纳和德宏为中心的傣族也日益强大起来。汉、傣以及其他民族的迁徙，一方面使佤族的居住区逐渐地集中到阿佤山及其周围一带；另一方面佤族也进一步和傣族、拉祜族以及汉族等其他民族交错居住。

佤族和傣族、拉祜族、汉族等这种交错和杂居的状态，虽然反映了他们居住地的日益缩小和落后性，但却加强了与这些民族的经济文化交流，促进了社会发展。这种经济文化关系发展到近现代，可以说已经达到不能分割的程度。佤族生产和生活的很多重要工具和用品，如铁、铁制农具锄犁、手工业工具铁砧、压棉机等，都是跟傣族、汉族等交换来的。如果没有这种交换，他们的生产水平就不可能达到现有的程度。佤族生活必需品盐巴和其他很多生活用品，也是从汉族、傣族手里交换来的。佤族的历法和度量衡，也深受傣族、汉族的影响，在当地流通的交换手段，也是外民族制造的货币。这种不能分割的交换关系，当然既对佤族有利，也对其他民族有利，并通过这种关系的发展日益促使当地各民族共同发展，共同繁荣。

**阿佤山：近现代佤族的栖身之地** 在佤族的族群记忆里，在漫长的历史过程中，他们的祖先在族群冲突的残酷背景下，被迫由南向北迁移到现在的阿佤山中心区，随后由此繁衍、发展、扩散，并逐渐形

◀ 旱地

聊天的佤族老人

成今天以阿佤山中心区为核心，地跨中国与缅甸两国边界的自然分布状况。

阿佤山的名字因佤族长期在此居住而得名，如今的阿佤山区指的是约东经98.5°至100°，北纬22°至24°，范围西至萨尔温江，北至耿马孟定南定河一线，东北至耿马四排山区，东至澜沧雪林、西盟中部，南至孟连，包括中国云南西盟、沧源两县以及与其毗邻的耿马、双江、澜沧、孟连部分地区，也包括与其交界的缅甸佤邦的主要部分。

中缅界碑

绵延佤山

## 佤族的历史沿革

**佤族地区的考古发现** 佤族地区的考古，特别是对这些地区原始时代的考古，因发现很少，没有系统展开。但从该地零星的发现，也反映了早在新石器时代，就有了人类居住和活动。从20世纪60年代至80年代，云南著名考古学家汪宁生发现沧源崖画、省考古研究所专家葛季芳等发现云县忙怀新石器遗址和万家坝战国铜鼓。1982年以来云南省文物普查队考古专家张兴永、邱宣铳等发现大量新石器遗址和沧源农克旧石器遗址，尤以耿马石佛洞遗址最为突出，均与“濮人”族群文化特色有关联。云南著名考古学家李昆声划定的“澜沧江中游文化”圈，与濮人族群密不可分。这些证据都有力地证明了，早在新石器时代，上述各县都有了人类的活动。而这些县，前面已经讲过，最早的居民是佤族或佤德语支各族，因而极有可能，这些新石器时代的遗

三佛祖遗址

三佛祖遗址

石锛

石锛

址和遗物属于佤族或佤德语支各族的原始文化。

**汉文史籍中与佤族有关的记载** 根据史籍记载，公元前109年（汉武帝元封二年），汉武帝征服滇国、强占哀牢国东部领土置益州郡，其辖境达今澜沧江两岸及其以东的广大地区，当时分布在澜沧江沿岸山区的佤族先民，已在汉朝的统属之下。

公元69年（东汉永平十二年），哀牢归汉，汉朝在其地置永昌郡，生活在澜沧江沿岸山区、怒江沿岸山区、掸邦高原山区的佤人、布朗人、德昂人皆属永昌郡管辖。

三国两晋南北朝时期，中原大乱，永昌郡名存实亡，佤人、布朗人、德昂人先民均臣服于傣族先民哀牢人。

隋唐时期，佤人、布朗人、德昂人先民及其他大大小小的民族皆受傣族先民哀牢人建立的南诏王国统治，佤族属南诏王国永昌节度管辖。

宋朝时期，佤人、布朗人、德昂人先民及傣人先民皆受白人先民河蛮人建立的大理王国统治，佤族属大理王国永昌府管辖。

元朝时期，佤人分属于金齿宣抚司的镇康路和孟顶路军民总管府的傣人总管管辖。

明朝时期，佤人属孟连长官司、镇康御夷州、孟定御夷府、耿马宣扶司等地的傣人土司管辖。

清朝时期，大致沿用明朝制度。光绪十三年（1887）设镇边直隶厅，辖孟连、西盟、澜沧、沧源等地，佤人基本上都在镇边直隶厅境内。

民国时期，佤族分布的地区设置沧源、耿马设治局，镇康、双江、澜沧（包括孟连和西盟）置县。

**佤族社会自己的起源传说** 在各个佤族村寨，都流传着关于人类起源的不同传说，其中，最重要和最有名的是“司岗里”的传说：

最初，天地是用绳子捆在一起的，相距很近。利吉神和路安神造了人后，又造了天和地、太阳和月亮。造了人后，就把人放在岩洞里。……我们人不能从岩洞里出来，在里面觉得难以生活。……我们人在司岗岩洞里，看见很多动物来凿岩洞……但都凿不开。木依吉神告诉我们，让小米雀把嘴磨得像刀一样快，用黑线缠嘴，再去啄司岗，于是司岗就开了。……佤族先从洞里出来，汉族跟在后面，拉祜族继之，傣族又在后。

传说中的“司岗”意为石洞，“里”是出来的意思，“司岗里”是说人类最初是从石洞里出来的。司岗里现位于缅甸掸邦第二特区（佤邦）勐冒县王冷区巴格岱寨北部5 000米处的司岗里山顶，一块四五百平方米的空地。相传是佤族的发源地。也有学者认为，司岗里是当地佤族部落举行大型宗教仪式的重要地点。近年来，它已成为佤族民族凝聚力的象征，并表现在艺术、文学、餐饮、建筑等诸多方面。

可是在沧源，有相当一部分的佤族地区流传的传说中，把“司岗”解释为“葫芦”，认为人是从葫芦里出来的，这个葫芦有人说长在公明山，有人说长在山通地方（离巴格岱数十千米）。公明山和山通都是佤族分布的中心地带，在西盟沧源以西，现属于缅甸。

这些佤族村落中流传的传说虽然是历代佤人想象出来的故事，有很多荒诞的地方，不能等同于历史，但却也反映了佤族的某种观念和某些真实。他们认为自从有人类以来，佤族就居住在阿瓦山区，是这带地区的最早居民。至于“司岗里”，即人是从石洞里出来的传说，也很可能反映了他们最初穴居的原始生活。

千百年来，佤族人民长期与周边其他兄弟民族形成了荣辱与共、彼此学习、相互依存的良好互动关系。事实证明，佤族人民无论所处的环境怎样恶劣，生活何等艰辛，始终保持着非常执着的凝聚力和向心力，由此构建了民族精神文化的核心内容。凭借其勤劳、勇敢和智慧创造了不少独特而绚丽的文化，谱写了自己光辉的历史，成为中国56个民族大家庭中理所当然的一分子，为推动历史前进，促进人类社会文明进步，做出了自己应有的贡献。

# 佤族的自称与他称

佤族分布于不同区域，其自称和他称也因其居住地不同而各有差别，而且历朝历代也有很多关于佤族的不同称谓。

## 佤族的自称——山居人

**“阿佤”——居澜沧、孟连者** “阿佤”为佤语音译，意为“种旱谷地的人”或“山地人”，佤族的自称之一。大体来说，居云南孟连、澜沧者称阿佤，抑或阿卧、阿佤尔、勒佤卧、勒佤、拉弗等。民主改革前，这些地方的佤族社会生产资料私有制虽已确认，但大部分保留着原始公社残余。此外，其他民族如傣族、汉族、拉祜族等民族在镇康以外依然保留自然崇拜和精灵崇拜，至民主改革止还对流行猎头祭谷习俗的佤族统称阿佤。

**“佤”——居永德、镇康者** “佤”同“阿佤”，都是佤语音译，只是居云南孟连、澜沧者称阿佤，居永德、镇康者称佤，都有“山居人”的意思。

**“布饶克”——居耿马、双江、沧源者** “布饶克”也是佤语音译，意为“种旱谷地的人”或“住在山上的人”，亦译作“布饶”“巴饶”“巴饶克”，佤族的自称之一，一般居云南耿马、双江、沧源者自称布饶克。这些地区的佤族在民主改革前已具有封建领土经济特征，社会内部总体上拥有一定程度的自然宗教信仰，部分地区已经信奉小乘佛教，另有部分地区还信仰基督教。

**佤族的其他自称** “阿卧”，佤语音译，亦译作“勒佤”，指居住在云南西盟、孟连一带的佤族。

“本人”，居住在云南镇康、永德等地区的佤族，“本人”在佤语中读作“倍配应”，指原来就居住在当地的人或土著居民，主要分布在保山市的施甸县、腾冲县、昌宁县，德宏傣族自治州的梁河县以及澜沧县的部分佤族地区。

“腊”，也是佤族的自称，也译为“腊家”，是佤语“茶”的意思。后被傣族和其他民族借指佤族、布朗族等孟高棉民族，意为“种茶的人”。

## 佤族的他称

**汉朝以及汉朝之前** “濮人”“百濮”“卜人”为商周八大少数民族之一，与今天的佤族有着历史渊源，商周时分布在江汉流域及其以南，后散居于今四川、贵州、云南等地。约公元前11世纪与庸、蜀、羌等人参与周武王灭商的牧野之战。周宣王初（前827)，楚王的叔堪因争位而避难于濮人地区。周匡王二年（前611）与麇人伐楚。周景王二十二年（前523）楚为舟师以伐濮，后来很多濮人部落被楚国合并。战国至汉朝时，组成夜郎国（今贵州和云南的部分地区）的种人中，有濮人成分。东汉的永昌郡（今云南大理和哀牢山以西地区）内有“闽濮”。三国时濮人居住在蜀国南中诸郡（今四川省大渡河以南和云南、贵州两省），向蜀国纳贡赋。蜀国平息孟获等叛乱后，迁濮人数千于云南郡（今云南大理白族自治州、楚雄彝族自治州的部分地区）、建宁郡（今云南曲靖）地区。我国汉朝时期对居住在滇西地区包括佤族在内的孟高棉先民都称为“木棉濮”。

> **知识链接** 常璩《华阳国志·南中志》，“永昌郡，古哀牢国也。……有梧桐木，其华柔如丝，民绩以为布，幅广五尺以还，洁白不受污，俗名曰‘桐华布’”。此绩布之民当即“木棉濮”。

**唐朝时期** 唐朝时期，居于永昌府地的民族，民称纷繁，有望、望苴子、望外喻、朴子蛮、木棉濮、赤口濮、黑僰濮、黑齿、金齿、银齿、绣脚、绣面、雕题、寻传、么些等。望与佤族的自称佤、卧和乌，都以浊擦音做辅音，仅元音略有变化，望与佤声母、韵母相同，只是有无韵尾的差别，至今有的佤族还自称

“望”。望是民族自称，“望外喻”是指“望外喻部落”，亦即望蛮的一个部落。“望苴子”的“苴”为彝语，“子”为汉语，可能是汉人记载南诏对望人的称谓。因此，大体说来，望、望外喻、望苴子是统一民族，亦即后来的佤族。

朴子蛮，一般认为与后来的蒲人或蒲蛮有关。蒲人或蒲蛮在元朝时期，泛指佤德语支各族，明清时期则主要指布朗族。《蛮书》中说：“自澜沧江以西，越赕、朴子，其种并是望苴子。”因此，朴子蛮也应该是属于佤德语支各族。

“黑僰濮，在永昌西南，山居而勤苦，其衣服妇人以一幅布为裙，或贯头。”僰，意为林下人之意，即山居和出没于森林中的人们。当时永昌西南地区，山居和出没于森林的人主要是佤德语支各族，傣族则主要居于靠水的坝区和山麓，种植水田。以幅布为裙也是佤德语支的服饰。这样看来，黑僰濮应该指的是佤德语支的民族。

根据种种线索看来，唐朝时期称为望、望苴子、望外喻、朴子蛮、黑僰濮的民族应该都是佤族或佤德语支的民族。

**元朝时期**　元朝时期，在云南西南部记载着蒲蛮这种民族。如《元史》中记载：泰定四年（1327）“云南蒲蛮来富，置顺宁府宝通州庆甸县”。《新元史》记载：延祐六年（1319）二月，云南“永昌蒲蛮阿八剌等并叛，敕云南行省讨之”。这些记载中提到的永昌府管辖现今保山、施甸等地，顺宁府管辖现今凤庆、云县、昌宁等地。元朝时的蒲蛮，又分为熟蒲和生蒲（野蒲）。野蒲社会发展比较先进，与元朝的关系也比较密切；生蒲社会发展比较落后，与元朝的关系也比较疏远，分布在熟蒲更加西南的地方，也就是主要指今天的佤族了。生熟之分，也反映了元朝时在永昌、顺宁等地还居住着相当数量的佤德语支各族。

**明清时期**　明清时期，佤德语支各族开始比较明确地区分开来，并分别有各民族自己的称谓。根据《西南夷风土记》（万历年间写成，作者无考）中记载：

总诸夷而度六千余里，东通中国，南滨海邻暹罗界，西抵西洋大小古喇赤发野人小西天，去天竺佛国一间耳，北接羌戎吐蕃。……种类曰阿昌、曰百夷、曰老缅、曰蒲人、曰僰人、曰剽人、曰杜怒、曰哈喇、曰古喇、曰棱子、曰遮些人、曰安都鲁、曰牛哒喇、曰孟子、曰赤发野人。

在这些民族中，蒲人、哈喇、古喇，指佤德语支各族，而且哈喇偏重于指佤族和德昂族，蒲人偏重于指布朗族。清代继承了明代对佤德语支的族称，如蒲人、蒲蛮、哈喇，也有称佤族为“哈瓦”“卡瓦”“卡利瓦”等。卡瓦的称呼最早记载于乾隆四十三年（1778），大学士兼云贵总督李侍尧《巡阅边境情形折》：

臣访问缅宁边外卡瓦野人山，向有莽冷厂。其管厂头人，野人呼为莽冷官。闻缅匪觊觎厂利，带兵向卡瓦取分例。

从此以后，卡瓦这一称谓越来越普遍，然后又分出大卡瓦和小卡瓦。大卡瓦指社会发展比较落后和保存猎人头祭鬼习俗的佤族，主要指现在的西盟和与其相邻的缅甸地区；而小卡瓦指的是社会发展比较进步和已经革除猎头习俗的佤族，占佤族中的多数。

## “佤族”的由来

20世纪60年代以前，我国境内的佤族曾被称为“卡佤”族。后来本民族知识分子认为“卡”是傣语“奴隶”的意思，用“卡佤”作民族称谓显然不合适，随着民族意识的觉醒和提高，佤族人民强烈意识到源于傣语这一带有歧视性的称谓不符合本民族人民的意愿，要求改变。1954年10月，云南孟连举行首届各族各界人民代表会议，会议根据“卡瓦”代表的意见，拟订将“卡瓦族”改为“佤族”。1963年4月2日，中华人民共和国中央政府在征询部分佤族代表意见的前提下，对居住在我国境内的佤族，由官方统一确定为具有法律意义的民族称谓——佤族，并一直沿用至今。

# 葫芦王地

## 《葫芦的传说》——从葫芦里走出来的佤人

在佤族的各种传说中，流传最广和涵盖内容最多的是“司岗里”。除了受汉族影响较深的居住在云南永德、镇康的佤族外，在其他佤族地区几乎是家喻户晓。根据在西盟地区的调查，这一传说可背诵几个小时，译成汉文约11 000多字。它的内容涉及天地的形成、人类的起源、动物和植物的产生和人类最初生活的情景。但对于“司岗里”的具体解释，各地佤族却有两种不同的说法。在西盟佤族中，“司岗”意为石洞，“里”意为出来，即人是从石洞里出来的；在沧源佤族中，“司岗”意为葫芦，“里”意为出来，即人是从葫芦里出来的。各地佤族虽有“石洞”和“葫芦”的区别，其传说的内容大致是相同的。

《葫芦的传说》中收录了沧源佤族的“司岗里”神话，题目就叫作“葫芦啊人类的家”，内容大概如下：

人类在最初的时候是被困在葫芦里的，百兽都来抓葫芦，却怎么也抓不破，小米雀飞来啄葫芦，啄了整整九年，葫芦这才开了口，人终于从葫芦里走到这个世界上来。《青蛙大王与母牛的传说》，这样一则洪水传说里也有关于葫芦的情节：

善良的达热噶木与小母牛躲在猪食槽里逃过了洪水，之后他们结为夫妇，小母牛怀孕并且生下了一颗葫芦籽，天神让达热噶木把葫芦籽种在地里，达热噶木精心照顾葫芦籽，后来葫芦藤结了一个小山那么大的葫芦，里面竟然有各种各样的声音，后来青蛙叫达热噶木把葫芦劈开了，葫芦里走出了人和动物来，人的尾巴被达热噶木砍葫芦的时候砍掉了，所以人是没有尾巴的。

在《佤族民间故事集成》中描述的“司岗里”神话故事共有两次对洪水故事的叙述，值得注意的是，这些洪水传说中都出现了“葫芦”这一普遍象征物，这一象征多次出现在关于人类诞生的神话传说中。

第一次是佤族以祖先命名姓氏的传说，这一传说中也出现了葫芦这一象征物，其情节跟《青蛙大王与母牛的传说》十分相似。

据说远古的时候，世上发了一次大洪水，人都被淹死了，只剩下达摆卡木（佤族传说中人类的始祖）和一只小黑母牛，为了繁衍人类的后代，一只癞蛤蟆对达摆卡木说："世上再不见有人了，为了传代，就指望你和母牛了。你们成亲吧！"癞蛤蟆还告诉达摆卡木："你和母牛睡三年，然后要杀了它，划开牛肚子，看里面有什么东西，那就是人种啦！"达摆卡木和黑母牛婚媾结亲三年后，达摆卡木杀了黑母牛，只见牛肚里有一颗葫芦籽，他把葫芦籽种在阿龙黑木河边（传说中离司岗不远的一条河），过了四个月才开始发芽、出土、抽藤。又过了三年，结了一个葫芦，葫芦越长越大，里面还有人的喊叫声，达摆卡木用斧子砍开葫芦，葫芦里走出很多的人。人类就这样一直繁衍生息。因为人太多了，不能都叫岩佤，佤是族称，既然是一个祖先的后代子孙，是从葫芦里出来的嫡子嫡孙，总得有个姓氏与族称有所区别。一次，有一个氏族议论命名的事时，达棍（头人）建议说："叶子是随着树长出来的，角是从牛头上生出来的，我们不能忘祖，我们是达摆卡木的后代，就姓达吧！"大家附和说："姓达好，他是岩佤的祖先，也是我们氏族的祖先，就以祖先为我们氏族的姓氏。"从此，这个氏族的男女老少议定命名为达氏族，以达为姓，成为一种氏族族号，也是家族的称号。

沧源崖画的传说中讲到了"司岗里"中的第二个洪水故事。

在洪水来临的时候，达蓝考杀了牛，用牛血混着石粉在崖石上作画，教后人应该如何生活，这场洪水有一个孤儿活了下来，他取出母牛肚子里的葫芦籽种下，葫芦籽结成一个大葫芦，他剖开葫芦，背三索（佤语，即第二次人类）从里面出来了。

根据这些传说，佤族一直深信自己的祖先是从葫芦里诞生出来的，所以，也把自己的首领称为葫芦王，把自己居住的地方称为葫芦王地。所谓"葫芦王地"，在佤语里面也就是佤族诞生之地的意思。

## 葫芦王地——约定俗成的地理区域

**葫芦国** 班洪旧称“上葫芦王国”，于清代属于镇边厅十八土司地之一，据清朝《文献通考·四裔考》记载：

葫芦国，一名卡瓦，在永昌府东南徼外，从古不通中国，亦不属缅甸，地方两千里，北接耿马宣抚司，西木邦，南生卡瓦，东接孟定府。

清光绪十七年（1891）因耿马土官家族争杀，邻近诸土司出力调解，具结完案，是年七月二十一日上谕曰：

所有在事出力之孟定土知府罕忠邦着赏给宣抚司头衔，上葫芦土目胡玉山着赏给土都司衔以示奖励。

根据《续云南通志稿》卷首之四的记载：

茂隆银矿在上葫芦地，胡玉山为班洪土司，民国二十三年云南省政府任命胡玉山之子为班洪总管。

佤族理解的“国”不是阶级的国，而是民族的国。国家不是一个政治概念，而是一个地域概念，是领土以及对领土的主权，捍卫国家就是捍卫领土不受侵犯，对领土的主权不被剥夺。佤族居住的地区属于祖国的领土，“我卡佤山为中国领土……不论地理或历史，我佧佤山为中国土，应归中国”。阿佤山区的疆土历史上曾经是原始公社所有，18和19世纪逐渐变为佤王所有，在沧源的班洪、班老地区属葫芦王所有；19世纪后葫芦王自觉自愿地将自己的领地归属于国家所有。誓死捍卫祖国领土完整是阿祖阿公世代相传的天职，“自昔远祖，世受中国抚绥，固守边疆，迄今数百年，阿祖阿公世世相传，守土有责”。国家主权神圣不可侵犯，“宁血流成河，断不做英帝国之奴隶，即剩一枪一弩、一妇一孺，头颅可碎，此心不渝”。这种国家观念的形成标志着佤族思想发展已进入一个崭新的历史阶段，即由部落观念、民族观念发展为国家观念。

**葫芦王地** 葫芦王地泛指地跨中缅两国传统意义上的佤族自然分布区域。包括今中国云南沧源的班洪、班老，缅甸佤邦的永邦、版况等，也作“葫芦国”“葫芦王国”“葫芦地”。因佤族传统社会有一种口头传说认为佤族祖先是从葫芦里出来的，因此得名。居民均多为佤族，故葫芦王地亦指整个阿佤山区。

**上葫芦**　“上葫芦”是地名，1961年《中缅边界条约》规定上葫芦区属于中国，以缅甸南抗武为界，南抗武以上称作上葫芦，邻近公明山走东北部，与顺宁县属之耿马及孟定两土司接壤。诸酋长所辖地，均各不相辖，分息无常，周围约五百里。现今在中国的沧源地区以及缅甸的勐卯一带。

**下葫芦**　“下葫芦”也是地名，1961年《中缅边界条约》规定，下葫芦所属班况等地属于缅甸，缅甸南抗武以下称下葫芦，西接滚弄大江（即潞江），南接英缅迤北道，周围八九百里。现今在中国的西盟、孟连，缅甸邦康等地。

# 第二章
# 两江之间的阿佤山区

由于佤族集中分布于中国西南连接东南亚的澜沧江南段以西和缅甸萨尔温江以东之间，怒山山脉南段展开地带，地跨中、缅两国，物产丰富，山峦起伏，沟壑纵横，平坝极少，故传统上称之为“阿佤山区”。

# 自然分布

佤族，主要集中分布在中国西南连接东南亚的澜沧江南段以西和缅甸萨尔温江以东之间，怒山山脉南段展开地带，地跨东经95°～101°，北纬22°～24°区域。这里地跨中、缅两国，山峦起伏，山谷纵横，平坝极少，故传统上称之为“阿佤山区”，大致面积约21 000平方千米。勤劳勇敢的佤族人民，世代居住在这片神奇而美丽的土地上，日出而作，日落而息，尽享绿意繁华。

## “阿佤山区”

“阿佤山区”，亦被称为“卡佤山”“佧佤山”“哈佤地区”，意为佤族生活的区域。从地理位置上看，阿佤山的范围北起南汀河下游的南部，南至萨尔温江与南卡江的合流处，西以萨尔温江为界，东北与东南包括今沧源县属的勐角、勐董、岩帅及孟连县属的龙坎、富岩一带，正东以怒江和澜沧江的分水岭为界。

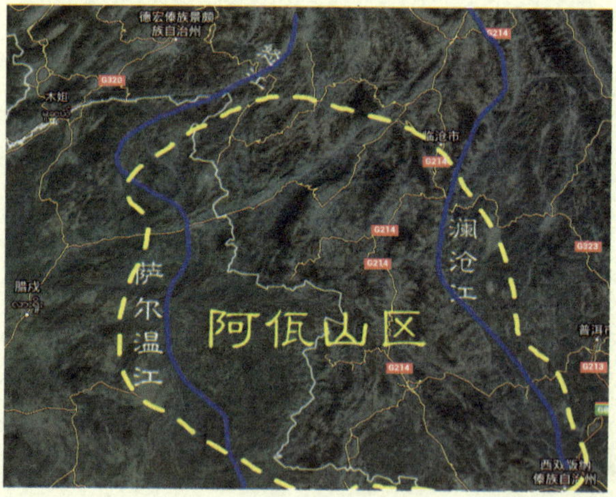


两江之间的阿佤山区

从严格意义上讲，“阿佤山区”是一个地理和人文的综合概念，被中、缅两国国境线一分为二。我国佤族主要分布在澜沧江以西，北纬22°30′～24°之间的北部阿佤山一带，也即云南省内北至保山，南抵西双版纳勐海的广大地区，西南与缅甸联邦共和国山水相连，国境线长约400千米。从行政区划上讲，佤族主要集中分布在云南省西盟佤族自治县、沧源佤族自治县、孟连傣族拉祜族佤族自治县，三县均与缅甸相连，境内分布有一个国家开放口岸及多个边民互市点，是古西南丝绸之路的重要通道，今为对外开放的内陆窗口，是中缅交往的重要通道，亦是滇西南进入东南亚的重要通道之一。此外，云南省耿马、双江、澜沧、镇康等县也有分布。

**知识链接** **阿佤山** 地处北回归线上，属亚热带季风气候区，一年分为干季和雨季。受印度洋气流的影响，该区域气候温暖，雨量充沛，境内四季常绿，原始林、次生林广布于高山谷地及村寨四周。晨曦时山色青黛，远闻鸡鸣舂米声；傍晚暮色四合，田野寂静，只听得小扣柴扉。

## 山麓小坝

由于这一带岭峦重叠，在群山之中会形成一些山麓小坝，或者说是"山间盆地"，因此，佤族人民因地制宜，极尽智慧，选择在此依山傍水而居。这些小坝主要有沧源县的勐角坝、勐董坝、勐郎坝，西盟县的勐梭坝，耿马县的孟定坝、耿马坝、勐简坝，双江县的勐库坝、勐勐坝，孟连县的孟连坝、勐马坝、蚌丙坝、景冒坝、那勒坝等。

藤索桥

# 地理环境

## 地质地貌

**地质** 佤族地区地质构造复杂，主要属于“云南构造单元划分体系”中的“‘冈底斯-念青唐古拉褶皱系’—‘昌宁-孟连褶皱带’—‘勐统-南腊-西盟褶皱束’”范围，褶皱束的构造形变总体为一个复式背斜。地层发育齐全，自元古界至第四系均有出露，各时代的地层及其剖面的完整程度存在较明显的差别，但多数层序清楚，一些地层单位在全国或大区域内具有一定的代表性。岩石发育得好，其中岩浆岩居优势地位，具有岩类齐全、活动期次多、形成环境多样等特点，复杂的岩浆作用为多种内生金属矿产的形成提供了极为有利的条件。

**地貌**

山脉 阿佤山区，以山地地貌为主，境内主要有耿马大雪山、四排山、老告山、邦盆山、西盟、莱云枝山等十多座大山，

阿佤山山脉

平均海拔在2 000～3 000米，最高海拔为大雪山2 333米。即使是山间的小盆地，海拔也在千米上下。在众多山脉中，邦马山最为典型。

邦马山，位于临沧市中西部，北纬23°10′～24°05′，东经98°50′～100°05′区域。该山地跨临翔区、云县、双江、耿马和沧源等县，位于南定河与临沧坝子、勐库河谷地之间。主脉双江大雪山西侧小邦马村一带山地名邦马山，以此扩大得名。

邦马山分两支，一是呈东北—西南走向的双江大雪山东支，主峰海拔为3 223米；另一是呈东北—西南走向，由耿马大山、回汗山、窝坎大山等组成西支，主峰回汗山海拔2 979米。

坝上佤寨

邦马山西南部年降水量在2 000毫米以上，东部明显减少。自然景观的水平和垂直差异颇大。植被以季风常绿阔叶林、思茅松林、云南松林为主，较高山地有湿性常绿阔叶林分布。海拔较低的花岗岩山地茶园较多，以勐库茶著名，勐撒、耿马、双江等坝子甘蔗种植较多。有瓷土、稀有金属、大理石等矿藏。

坝子　虽说平坝极少，但也不乏典型的坝子，如双江拉祜族佤族布朗族傣族自治县政治、经济、文化中心——勐勐坝子。“勐勐”为傣语，意为“两个地方”。明朝初期，由耿马罕边法将勐允养、勐景庄两地合并，故名“勐勐”。该坝子沿南勐河呈北南走向，南勐河将坝子一分为二，国道214线穿坝而过，坝子北南长约

12千米，东西宽约5千米，中间地段为平整的坝子，东西两侧略有垄起。目前，坝子周边有沙河、红星等大大小小15个佤族聚居村寨，另有16个村寨有少量佤族杂居。勐勐坝子土地肥沃，水利条件优越，主要产业有水稻、甘蔗、蔬菜、运输、农副产品加工等。

知识链接 **勐库坝子** 位于双江拉祜族佤族布朗族傣族县县城以北，南勐河中游，距县城20千米，是沿国道214线从临沧至双江的必经之地。"勐库"意为"山沟峡谷中有小平坝的地方"。勐库坝子呈不规则状，南北长约7千米，东西最宽处约3千米，南勐河自北向南穿坝而过，并与缩俄河交汇于坝尾地段。勐库坝子及周边只有马鹿林一个佤族聚居村寨，土地肥沃，水利化程度达到80%以上，在双江自治县属水利条件最为优越之地，主要产业有水稻、甘蔗、蔬菜、茶叶、农副产品加工等。

## 气候土壤

**气候** 佤族地区属于南亚热带季风气候，年平均气温大多在18℃～20℃之间，最热月一般在6月或7月，最冷月常出现在1月，全年基本无霜，属"短夏无冬，全年皆春秋"型。由于气温高、积温多，热量资源丰富，故适宜种植双季稻，西盟、孟连、澜沧等地一年可三熟，而对热量要求不是很严格的热带经济作物及果木等也能生长良好。同时，阿佤山区也是云南大叶茶、咖啡的适生之地，此外也适宜放养紫胶虫，发展林业、畜牧业。

该区域年降水量达1 500～2 200毫米，雨量充沛，雨热同期，干湿季分明，属于云南省四个多雨区之一的滇西南多雨区。风速较小，年平均风速一般在1.0～1.5米/秒以下，为风能较贫乏的地区。作为全国日照时数高值区之一，阿佤山区的年日照时数可达2 200小时以上，且光能资源充裕，太阳辐射量大，因此全年都可高效利用。

佤山红壤

**土壤** 由于地处山区，土壤种类较丰富，分布较广的有砖红壤、赤红壤、红壤、黄壤、黄棕壤、石灰岩壤、冲积土、水稻土等，各类土壤自然肥力均较高。这样的气候

橡胶林

特点和土壤条件使佤族地区适宜多种作物生长。在海拔低、气温高的地区，适宜种植橡胶、砂仁、茶叶、水果、水稻等农作物和经济作物；在海拔较高、气温较低的山坡地，适宜种植旱稻、玉米、豆类、荞等作物；在海拔1 800米以上的地带适宜发展林木业和畜牧业。

## 水文植被

**河流** 阿佤山区纵横交错的地形，构成众多大小河流，水系复杂，流域面积极宽，其中较大的有勐董河、拉勐河、小黑江、黑河、南览河、南垒河等属澜沧江水系，有南汀河、芒库河、南滚河、库杏河、南康河、南卡江等属怒江水系。由于雨量充沛，阶梯地势落差大，水利资源蕴藏量极大，河流支系建有数十座水文观察站、一至四级不等的水电站以及大大小小的水库，如凤尾坝水文站、孟连水文站、南康河水电站、南马河一级水电

南滚河

站、勐董水库、弄巴水库、马散水库、翁丁水库等。此外，流域周边的地貌复杂，有分布于中缅边界的喀斯特山峦，也有被纵深河流切割的低山峡谷，且景观自然带丰富多样，有亚热带常绿阔叶林，有针阔混交林与残次林，也有低矮的野生茶树及江边刺葵等生态群落。

**湖泊**　阿佤山区较为知名的湖泊要数位于西盟佤族自治县的勐梭龙潭，它径流面积4.67平方千米，湖面海拔1 170米，水域南北长1 100米，东西宽740米，水域面积580亩，年平均水温23℃，最大水深33米，平均水深17米，蓄水量约500万立方米。勐梭龙潭形成于侏罗纪第三系，属断层陷落湖泊。湖西、南两岸较陡，东岸平缓，湖水来源于地表积水和湖泊底部地下水。

佤山天池

勐梭龙潭是天然淡水生态湖泊，环境幽雅，资源丰富，周围山峦叠翠，湖中波光粼粼，青山碧水，水天相映，融为一体，景色迷人。勐梭龙潭是客人到阿

勐梭龙潭

佤山的必游之地。因为它是野鸭、鸬鹚、白鹇、水獭等野生动物的栖息地，是龙脑香料、橄榄科、红树科以及其他一些科的热带属植物的生长居所，也是越冬候鸟的选择地之一，并有一种俗称“龙潭菜”的野菜可食用。1999年成立勐梭龙潭自然保护区，属西盟县保护区管理局。2006年8月16日，水利部以《水利部公布关于第六批国家水利风景区的通知》中授予西盟佤族自治县勐梭龙潭为“国家级水利风景区”。

里坎瀑布

**温泉与瀑布** 如果你到阿佤山来，帕亚坝温泉、四方井温泉和里坎瀑布是必不可少的去处。

帕亚坝温泉位于耿马傣族佤族自治县耿宣镇西北20千米，南定河畔大寨乡帕亚坝子中，故名。沿南定河断裂带出露，有泉眼十余处，自东北向西南多岩河边分布，范围约1平方千米。雨季均被河水淹没，干季出露，仅公路西北侧约3米处一泉眼常年出露，水温60℃，日出水量864立方米，有公路直达。

四方井温泉同样位于耿马傣族佤族自治县，距耿宣镇西北有24千米，距四方井村南800米，以四方井村得名。为沿南定河断裂带发育的温泉，水温65℃，日出水量1 296立方米，有公路途经四方井村。

里坎瀑布位于西盟佤族自治县西盟镇东南18千米，勐梭乡里坎寨南800米的勐梭河上，同样因地而得名。瀑布高22米，宽6

米，枯流量0.6立方米/秒，洪流量6立方米/秒。虽没有“飞流直下三千尺”的刺激奔放，但仍不缺“珠帘倒挂舞云裳”的恣意秀美。

## 植被

特殊而复杂的气候、土壤环境，造就了佤族地区植被的多样性。在水热条件优越的怒山山脉的南延支系的砖红壤地区，如沧源、耿马南部，生长着植物种类多样的热带雨林，包括桑科、栎科、橄榄科、梧桐科、榆科、天料木科、龙脑香科等树种。在海拔1 000米以下的宽广河谷盆地中央或宽谷口，生长着楝科、桑科、木棉科、梧桐科和豆科等季雨林植被。由于该区域人口分布集中，一部分已辟为农地，大部分则为次生植被所占据，故没有保存成片完好的热带季雨林。

董棕

桫椤

季风常绿阔叶林主要分布于耿马、双江、镇康一带的宽谷丘陵低山，海拔高度范围约为1 000~1 500米的山地砖红壤地区，包括壳斗科、樟科、茶科等乔木树种。同样由于人们长期的经济活动，常绿阔叶林破坏严重，代之而起的为思茅松林或余甘子、水锦树等高禾草灌丛，其中思茅松林大片成林，而林貌完整的常绿阔叶林都分布在偏僻的山野。

高度茂密的牡竹林是佤族地区海拔1 000米以下最为突出的现状植被，在西盟、澜沧、孟连、沧源、双江均有较大面积分布。由于牡竹林分布集中且资源丰富，对佤族人民的生产生活影响深远，主要作造纸、民用建筑和柴薪之用。

# 方位人口

## 佤族人口的发展历程

佤族人口发展分为两个时期，新中国成立前和新中国成立后。新中国成立前，佤族人口发展特点是处于高出生率、高死亡率的循环中，原因是受到佤族传统社会生产发展水平较低、医疗卫生因素影响，加上时常出现的械斗复仇等，从而导致人口大量消耗。

中华人民共和国成立以来，受全国人口政策的影响，从20世纪50年代至70年代人口不受限制，加上佤族地区社会改造、生产发展、医疗卫生改善，人口出现高出生率、低死亡率的快速发展时期。20世纪80年代，在全国计划生育推行后，佤族地区开始出现限制生育胎数，农村基本推行二胎制，以一胎和三胎为辅，导致人口增长受到控制，佤族人口出现低出生率、低死亡率的发展趋势。20世纪90年代后期，计划生育政策进一步加强，加上社会发展中人口不对称流动，导致佤族地区人口生育率进一步放慢。然而进入21世纪后，人口素质得到明显提高，主要表现在受教育面得到扩大和高级人才数量增加较快等。当前，佤族人口发展中存在的问题是低出生率、低增长、老龄化明显等，加上佤族地区出现人口不对称流动，大量女性外流，导致佤族地区人口增长面临新的问题，而这些问题在2000年后表现得更为明显。

佤族人口按1953年第一次全国人口普查为28万，1964年第二次普查为20万，两次普查数量出现不同的原因是，第一次人口普查时存在民族认定没有划清和国境线认定不同等因素。1977年第三次人口普查时为26万，1981年第四次人口普查为29万，1990年为35万，2000年为39万，2010年为42.9万。

## 佤族人口分布情况

1949年后，中央人民政府在佤族地区实行了民族区域自治制度，现在以佤族为唯一或联合设立的自治县有五个，分别隶属临沧市和普洱市。2010年第六次全国人口普查中佤族全国总人口数429 709人，集中在云南省，其中又以临沧市和普洱市为最集中，两市共有佤族385 329人，占佤族总人口的89.67%。其中临沧市佤族人口为235 165人，占总人口的9.68%，属于第二多少数民族；普洱市佤族人口为150 164人，占总人口的5.91%，属于第四多少数民族。以佤族为唯一自治民族的有两个自治县，分别是沧源佤族自治县和西盟佤族自治县；联合其他民族组成的自治县有三个，分别是耿马傣族佤族自治县、双江拉祜族佤族布朗族傣族自治县、孟连傣族拉祜族佤族自治县。五个佤族自治县根据宪法规定，制定了自治条例、变通规定、单行条例和大量各种重要行政规范，以适应佤族地区和社会的特殊性需要。此外，普洱市的澜沧拉祜族自治县虽然不是佤族自治县，但佤族人口在绝对数量上较多，成为中国境内佤族聚居的重要县区之一。

佤族人口除集中分布在西盟、沧源、孟连等自治县外，也呈交错杂居的特点。

知识链接 **交错杂居** 又称“散杂居”，是指历史上佤族曾经聚居，而现在仍然有一定人口与其他民族杂居的状态。

佤族人口虽然较少，但又有相对集中的民族乡、行政村和自然村等。以此为标准，佤族散杂居地区主要有保山市腾冲县，西双版纳傣族自治州勐海县、勐腊县，德宏傣族景颇族自治州梁河县，临沧市凤庆县，普洱市思茅区。1988年，在佤族散杂居地区设有佤族乡和佤族与其他民族共同组成的民族乡八个，分别是：临沧市永德县勐汞佤族乡，凤庆县德思里彝族佤族乡，镇康县军赛佤族拉祜族傈僳族德昂族乡，普洱市澜沧拉祜族自治县文东佤族乡、安康佤族乡、雪林佤族乡、翠云区竹林彝族傣族佤族乡，保山市腾冲县荷花傣族佤族乡。其中，永德县勐汞佤族乡于2004年被并入德党镇，2005年凤庆县德思里彝族佤族乡被并入勐佑镇，现在仍然有六个以佤族为主体的民族乡。

# 自然资源

## 动植物资源

佤族地区动植物资源十分丰富。由于气候温和，佤族地区林木茂盛，翠竹成林，四时葱绿。林木以常绿阔叶林和云南松为主，还生长有红椿、柏木、楠木、柚木、香樟、木荷、白木莲花灯等优质木材。此外，还有国家一级保护珍稀濒危植物、自然界的活化石——桫椤，以及国家一级重点野生植物的顶果木；国家二级重点保护野生植物铁力木、红椿、翠柏、水青树、滇南风吹楠、隐翼、光叶天料木、四数木、三棱栎、蛇根木、药用野生稻等；国家三级重点保护野生植物剑叶龙血树、琴叶风吹楠、川八角莲等。这些珍稀物种要么是濒临绝迹，岌岌可危，要么就是具有极高的医药价值、工业价值、家装价值等。

此外，在茂密的山林中，栖息着60多种野生动物，200多种鸟类，50多种爬行类动物，其中在沧源千米以下的河谷中还分布有国家一级重点保护野生动物亚洲象，在亚热带阔叶林、竹林中分布有野牛，在孟连分布有白掌长臂猿，在耿马的亚热带灌木丛中分布有大灵猫，在双江、沧源等县海拔400～1 100米山下的旷

▲ 巨龙竹

◀ 杉木

野地、水田、塘边分布有虎纹蛙，这些国家重点保护野生动物无疑都会给阿佤山区增光添色。

## 矿藏资源

佤族地区的矿产资源比较丰富，一些矿产早在明清时期就已开采且具有一定规模。经普查发现，佤族地区蕴藏有金、银、铝、铜、铁、锡、铅、锌、锰等金属矿和煤、水晶石、石棉、石墨、硫黄、云母、硅藻土矿等非金属矿，在很多地方还发现了大理石、玉石等。其中，金、银、铝矿蕴藏丰富，早有开采；煤多为褐煤，也在开采利用。其次是铅锌矿，矿床分布普遍，集中分布于澜沧、西盟两县，鉴于较好的地势、水文条件，具备一定的开采规模。

## 土地资源

**土地资源特点**　佤族地区土地资源较为丰富，除耿马外的所有地区人均占有土地面积均高于全国同期水平。以海拔高度为指标，佤族地区属于南亚热带季风气候类型，再以地面坡地为依据，佤族地区坡度 $< 8°$ 相对平坦的土地仅占土地总面积的不到10%，而 $> 15°$ 的土地面积却占土地总面积的80%以上，$> 25°$ 的土地面积占土地总面积的30%左右。按土壤类型划分佤族地区以红壤系列的红壤、赤红壤、砖红壤、黄壤为主，十分适宜生长经济作物和经济林木。

**土地资源利用现状**　佤族地区土地利用类型主要以耕地、园地、林地和未利用土地为主。耕地中灌溉水田主要分布于宽谷盆地区，生产条件较好，产量较高；望天田主要分布于坝区和山区，雨耕种植，质量不高，产量较低；旱地分布最为广泛，以坡旱地为主，陡坡地多，耕地质量大多较差，产量低下。园地中茶园集中分布于海拔1 000～2 000米的平缓山麓和河谷丘陵地带；橡胶园成片分布于海拔1 000米以下的坝区边缘地带；其他园地包括水果、香料、药材等的分布也比较广泛。佤族地区森林覆盖率较高，林地分布广泛，是云南省集中成片保存较好森林的主要分布地之一。佤族地区还有较大面积的未利用土地，是今后发展农、林、牧业生产的后备土地资源。

# 自然保护区

## 大雪山国家级自然保护区

大雪山国家级自然保护区位于我国西南横断山系的怒山山脉南延部永德县境内，地处东经99°32′56″～99°43′47″，北纬24°00′10″～24°12′27″，属于森林生态系统类型的自然保护区。保护区于1984年组建保护区林业派出所，1985年成立保护区管理所，1986年3月经云南省人民政府批准为省级自然保护区，2006年2月11日经国务院批准为国家级自然保护区。保护区东西宽18.9千米，南北长24.5千米，总面积17 541公顷。

大雪山自然保护区

大雪山自然保护区是我国亚热带海拔最高、森林垂直带分布保存最完整的地区。因受第四纪冰川的浩劫，处于南北生物区系的交汇地区，物种资源富集，形成了大雪山丰富的生物多样性，主要保护对象以保护中山湿性常绿阔叶林为代表的南亚热带山地垂直带自然生态系统及珍稀特有野生动植物及我国纬度最南的苍山冷杉林。主峰大雪山是我国大陆北纬24°以南的最高峰，海拔

林雕

3 504.2米，保存着我国大陆分布纬度最南的苍山冷杉林。

大雪山保护区是珍稀濒危野生动植物种类繁多及单位面积上野生动物分布密度最大的保护区之一。保护区共有1 639种维管束植物，16种裸子植物，1 573种被子植物，1 589种种子植物。保护区已发现的国家重点保护野生植物6种，其中，国家一级保护植物1种，即云南红豆杉；国家二级保护植物5种，即金毛狗、桫椤、水青树、千果榄仁及异颖草。此外，还有黑冠长臂猿、马来熊、云豹等10种国家一级重点保护哺乳类动物；穿山甲、小灵猫、斑灵狸等18种国家二级保护动物；黑颈长尾雉、绿孔雀、林雕、白鹇等26种国家重点保护鸟类；蟒蛇、巨蜥、瘰疣螈、眼镜蛇等国家重点两栖爬行类动物；鱼类有怒澜亚区的特有种9种和新种4种。

## 南滚河国家级自然保护区

南滚河国家级自然保护区地处云贵高原向缅甸掸邦山地过渡地带，其山体为横断山南端余脉、怒山山脉南延部分，位于沧源佤族自治县、耿马傣族佤族自治县两县的班洪、班老、勐角、孟定等11个乡镇境内，海拔520~1 747米，属中山深切割的山地地貌。南滚河自然保护区1980年建立，1994年12月经国务院批准为国家级自然保护区。保护区西起沧源县小母空山顶经班洪村到耿马县三家村，东自沧源县登革洛河岔口到耿马县石楼梯，南起沧源县勐角林场，北到耿马县三叉河，总面积为50 887公顷。

南滚河自然保护区是以保护森林生态系统、野生动物等各种生物物种资源为主要任务的。主要保护对象为亚洲象及其栖息的热带雨林生态系统。此外，还有多种灵长类动物、猫科动物、偶蹄类动物、雉类动物和两栖爬行动物分布，鱼类有国家保护动物花鳗丽等，是珍稀濒危动植物天然的避难所。见血封喉、滇石梓、锯叶竹节树、大叶黑桫椤、百晴、滇菠萝蜜、云南七叶树、假山龙眼、五丫果叶木姜子、林生芒果、粗枝木栋、黑黄檀、箭根薯等400多种珍稀名木，以及赤麂、太阳鸟、金钱豹、金猫、孟加拉虎、蜂猴等120多种珍禽名兽遍布其间。加强保护区的建设，对保护好这些物种资源的多样性，将起到积极的作用。

太阳鸟

紫茎泽兰

## 龙山自然保护区

龙山自然保护区位于孟连傣族拉祜族佤族自治县县城附近，地处东经99°09′～99°46′，北纬22°05′～22°32′之间，1986年经云南省人民政府批准为省级自然保护区，整个保护区东西长1.5千米，南北宽0.75千米，面积54公顷。龙山自然保护区是小花龙血树的种源区和原地保护点。

保护区森林植被为季雨林，树种组成单纯，为单层纯林，除小花龙血树占优势外，混生有少量的云南油杉、清香木、榕树、榆树、黄连木。林下灌木和草本植物很少，主要是一些森林砍伐后形成的耐干旱的阳性种类。草本植物主要有紫茎泽兰、禾本科草类及一些蕨类植物。

**知识链接** 小花龙血树又名酒府龙血树，属龙舌兰科常绿乔木，是提取名贵中药“血竭”的树种。血竭被称作“活血之圣药”，常用于止血、活血、生肌，治疗跌打损伤、出血、五脏邪气等，大量用于中成药丸、散、膏、丹的配方中。小花龙血树在云南仅散生在云南南部的沧源、动腊、景谷、耿南等县，龟山是分布最集中之处。据1982年调查，保护区共有小花龙血树2 833株，较集中分布面积仅92公顷、1 605株。小花龙血树高12～15米。最高可达24米，胸径40～100厘米，最大可达108厘米。

## 南捧河省级自然保护区

南捧河自然保护区位于镇康县境内，地处东经98°41′～99°18′，北纬23°45′～24°04′，属于省级湿地自然保护区。1999年经云南省人民政府批准为省级自然保护区，保护区内分为竹瓦、忙丙后箐、薄刀山和雪竹林山共四个子保护区，东西跨度62千米，南北跨度35千米，总面积36 970公顷。

黑毛石斛网络

南捧河自然保护区以湿地及季风常绿阔叶林为主要保护对象，区内有高等植物571种，其中蕨类植物22种，裸子植物4种，被子植物545种。国家二级重点保护植物有14种，包括桫椤、董棕、黑黄檀、水青树、扇蕨、千果榄仁、红椿、四数木、云南石梓等。

劲直刺桐

植被可划分为季雨林、常绿阔叶林、落叶阔叶林、暖性针叶林、竹林、稀疏灌木草丛、灌丛七个植被类型。

# 第三章
# 荡气回肠的历史交响

七千多年的旱稻种植历史，原始部落时期庄严肃穆的“剽牛结盟”仪式，19世纪英勇无畏、家喻户晓的班洪抗英事件，直至20世纪中叶才废除的“猎头祭谷”习俗，这些都无一例外地唱响了佤族社会荡气回肠的历史。

▲
佤寨

# 村寨部落与头人

## 村寨

佤族人居住阿佤山区，山峦重叠，很少有平坦之地。有几个山麓小坝也多被傣族占据，广阔的山区是他们的世居之地。因此，佤族的村寨皆分布在大山坡与小山巅，海拔多在1 200～1 600米之间。远远望去，村寨的房舍鳞次栉比，由低到高，处于山林和竹蓬之间。

佤族的村寨规模一般一百多户，大的有三四百户。几十户的能在沧源等地找到，但在西盟地区就很少存在了。因为西盟存在猎头祭鬼的习俗，村寨之间械斗频繁，小寨难以生存。佤族村寨的含义可有两层，一层是指村寨的整体而言，一层是指这一村寨整体下的或范围内的居民点而言（习称小寨）。以上谈的村寨规模是就村寨的整体而言的。村寨范围内的小寨数目不等，户数亦各不相同，从十几户到几十户。从现存佤族村寨的建寨时间和历史来看，绝大多数是在新中国成立前一百多年至四百多年之间。这不是说佤族在阿佤山只居住了四百多年，而是说他们现有的村寨的建寨历史有那么久。由于佤族曾处于刀耕火种的农业阶段，所以需要经常地迁徙流动，因此，现有村寨的建寨时间不等于他们在该地区居住和活动的时间。但是现存村寨的建寨时间，却可反映和说明他们从迁徙流动到定居的时间，反映他们农业生产的进步和发展。佤族每一个村寨都有一定的领域，领域的大小视建寨的早晚有所不同。一般建寨早者，即该地的老寨，领域较大，晚者领域较小。

佤族新村

每个村寨都包括两个以上的小寨或称居民点，几个至十几个在不同时间由不同地方迁来的家族。

**知识链接** 在佤语中，“永”有村寨、村落、家族等含义；“惹”，即氏族，佤族“永”和“惹”常常并存。

每一个寨子都由两个或更多的“惹”（氏族）构成，不同的氏族共同组成一个“永”（寨子），几个乃至几十个寨子又构成了“格洛”以及格洛联盟。同时，“永”字头地名作为佤族语的地名，有别于其他民族语的地名。为了简洁，“永”字常被省略，如沧源佤族自治县的“岩帅”（全称“永岩帅”），即“岩帅的寨子”，“永”字常被省略。可见，一个村寨已经不单单是以血缘为纽带的家族联合，而更多地体现出地缘纽带的性质。

村社制度是佤族传统社会中最基层的社会组织形式。一个村寨往往由上百户人组成，多时达三四百户，实质上就是农村公社。佤族村寨具有以下特征：村寨缘于地缘性的联系，每个村寨都包括几个家族和不同姓的个别家庭；每个村寨都有各自的领地，也存在村寨中部分人可以自由使用的公有地；每个村寨都是一个经济单位，同时有着共同的政治、宗教生活；从村民意识上看，寨民形成了强烈的“我寨子”观念，保持着相互帮助、相互保护的平等关系；村寨也是佤族社会中最基本的政治单位，村社制成为佤族社会秩序中最直观现实的维持体系。

## 部落

部落是传统佤族社会中主要的社会组织形式，民主改革前是建立在原始农村公社基础上的，即建立在具有血缘联系且以地缘为基础的部落社会形式。部落是佤族核心区的重要社会组织，普遍存在于西盟、沧源、耿马等佤族聚居的地区。佤族地区历史上较有影响的部落有很多，诸如：班洪部落、班老部落、央冷部落、官牙部落、央模部落、央瓌部落、山通部部落、马散部落、永广部落、翁戞科部落、四排山部落、蛮海部落、富岩部落等。

部落联盟是佤族传统社会中在部落的基础上形成的更高一级的社会组织，但这种组织依然属于初级形式。村寨之间时常结成临时性的联盟，主要原因不是基于血缘关系、地域相连，而是基于共同的利益，而且这种联盟关系都是军事性的。例如，纠纷械斗涉及某些村寨利益时，这些村寨就会联合起来，以对付共同的敌对村寨。事后利益一致性消失，联盟就告结束。今日与甲寨利益一致，就与甲寨联合；明日与乙寨利益一致，就与乙寨联合。也有这样的情况：甲乙两寨因利益一致而联合起来，以对付共同的敌对村寨。可是，在斗争过程中，甲寨或乙寨临时退出了联盟，且给对方带来了较大损失，于是甲乙两寨就发生了矛盾，甚至动起武来。村寨间的这种临时性的联盟，没有盟主，各寨互相是独立的。如果说有盟主的话，只表现于在这一联盟关系中某一村寨原来势力较大，又比较积极和主动。从近代的发展来看，佤族部落联盟有开始从少数的、临时的联盟向稳定的、全面的部落联盟发展的趋势。

## 头人

佤族村寨的管理者，统称为头人。村寨头人大会是佤族传统社会中决定村寨重要事务的议事形式。“头人会议”在佤族传统社会中起着极为重要的作用，任何重大事情必须通过它来解决。头人会议的召集者，不一定是村寨中的主要头人，而是最先接触和处理某事务的头人。头人会议的参加者，根据事情的大小和情况而定。重大事务由全寨头人参与，一般事务由与此事有关的部分头人参与。与事件有关的群众必须参加，其他群众可以自由参加。

头人会议无固定地点，一般在召集人家里举行，开会必须泡酒，边喝边谈，内容必须要有针对性，但不拘泥于形式，到会者都可以自由发表意见。当会议进行到一定时间，与会者意见发表的差不多时，召集的头人或参会中威信最高的头人会归纳总结大家的意见和发言，提出一些具体的决定，通常情况下，会议结果会采纳合理的发言。

知识链接 **村寨民众大会** 又叫群众大会，是佤族传统社会中重大决策的议事制度。民众大会不会轻易召开，通常在以下两种情况下才会召开：一是事关村寨重大问题，头人会议不能解决时，需要召开群众大会加以讨论，与会人多要求是老人而非全寨所有人；二是布置和执行头人会议上的决定，这种大会要求每户都得派一人参加，主要是男性家长。大会通过参会者的自由发言形成决议，最后由全体人员执行。民众大会贯彻落实头人会议的决议，通报、安排、部署的过程体现了权力属于民众的特点，是人类社会早期公共权力运作的机制。

# 剽牛结盟

## 剽牛仪式

剽牛仪式是佤族人民举行各种重大活动所必需的仪式。剽牛由巴猜主持，部落或村寨全民参与，时间一般为三天。第一天开门，把正门拆开扩大，栽牛头桩，举行祭祀“尔爷格门”神，祈求保佑；第二天剽牛，请头人和贵客吃饭、喝酒、唱歌、跳舞，祝福主人家；第三天关门，把拆开的门重新安好，打扫环境卫生，送客人返回。佤族剽牛不剥皮，连皮带肉送给弟兄姐妹们和

剽牛祭司岗里

来宾。右前脚送给哥哥，因他出生早，带着弟、姐、妹往前走；右后腿送给弟弟，因他在后面生，享受得多一些，随时紧跟长兄。左后腿和脖子送给姐妹，因她们已出嫁。左前脚和牛身的一半招待头人和客人，另一半分送所有来客和村寨里的每一户，剽牛主人家只剩下牛头。剽牛有时也是一些人家为显示富裕举行的活动。剽牛习俗一直沿袭至今，但内容和形式都有很大的不同，在特定场合只是展现佤族文化的一种手段。

历史上佤族传统社会是漫长的部落时代，部落与部落之间或部落内部往往因某种特定原因或突发事件而进行临时性的结盟，因此必须举行庄重的仪式。佤族传统社会通常以剽牛和祈祷的形式来建立一种一致对外的联盟关系。民主改革以后，剽牛仪式已成为佤族人民在举行大型庆祝活动时的一项富有民族传统的庆典仪式，以此彰显民族团结，传承民族文化，凸显民族特色。

## 木鼓

木鼓主要是一种打击乐器，佤语称“克罗”，广泛流传于云南佤族地区。

**传统木鼓** 佤族的木鼓，都是用整段树木加工而成的，音乐学上把它叫作体鸣木鼓，即用鼓槌直接敲击鼓身而发出音响的鼓。历史上所有的传统佤族村寨中都有木鼓房，里面均摆放有大小不一的两具木鼓。木鼓的长度和直径各地方、各村寨各不相同，一般说来，鼓身长一般在150～200厘米之间，鼓的直径小的在30厘米左右，大的可达70～80厘米。它们多用当地常见的红毛树干的下端部分作为原材料。

知识链接 **制作木鼓的方法** 将原木中部挖一狭长空隙，由上往下，从两端挖凿进去，挖凿时中部两端保留一层壁状原木成分，形同“蜂饼”，当地百姓称之为“蜂巢”，实际上是起到内部支撑和紧固的作用，使其经久耐用。

木鼓在传统佤族社会是通天神器，也是人神之间的媒介。进入现代社会，佤族木鼓被赋予了越来越多的民族文化内容和象征含义。一方面木鼓作为纯粹宗教作用的内容逐渐隐退；另一方面却作为民族文化象征符号的地位日益凸现，主要表现在典型的打击乐器上，古往今来，由于它的特殊作用，在佤族文化中占有十分重要的位置。

佤族木鼓

西盟木鼓

佤族木鼓传说至少可归纳出四个来源、三种倾向以及综合起来的两类问题。四个来源包括：源于女性、源于木槽、源于杵臼、源于枯木。三种倾向：倾向于木鼓的产生来自于对女阴或女性的印象；倾向于木鼓的产生来自于人们日常的生产劳动；倾向于木鼓的产生既与女阴或女性有关又与生产劳动有关。因此，综合起来看，实际上就是两种类型：其一，木鼓是仿造女性生殖器

传统木鼓 ▶

而制作出来的；其二，木鼓是在人们直接的物质生产活动中的发现和发明中创造出来的。根据我们自己的研究，结论性地认为，木鼓是在人们的物质生产劳动中发现和创造出来的，即第二类传说故事，才应该是佤族社会木鼓产生的真正原因。

**现代木鼓** 木鼓是佤族民族气节的象征，如今，木鼓还成为创编佤族歌舞中必不可少的、重要的打击乐器。“木鼓歌舞”是佤族流传最长、最负盛名的歌舞。

木鼓节表演

**拉木鼓**

原因　在传统佤族社会，“拉木鼓”从来不是一件简单的事情，对于生活在传统社会之中的佤族百姓来说，这还是一件慎之又慎的大事，因为每次“拉木鼓”都要耗费巨大的人力（全寨人参与，耗时、费力）、物力和财力（需大量的水酒、谷子、剽牛），是经过人们深思熟虑的结果。“拉木鼓”之前，首先是有人提议要拉木鼓，随后必须经过“头人会议”的商量讨论，取得一致意见后才能最终决定。

拉木鼓

佤族“拉木鼓”的直接原因主要有两个。

第一种情况是建新寨子，包括两类：一类为前已有述，新建寨子的两个最主要的条件便是水源和木鼓房的位置，这类情况，发生在固定村寨的建寨初期。另外一类是由于本寨人口增加，土地有限，由老寨分出来又建立的新寨，建寨之初同样要拉木鼓。两者均属欲建新寨必拉木鼓的情况。

第二种情况是更换木鼓，木鼓毕竟是用木质材料制成的，若干年后，历经长年的使用，加上风雨侵蚀，木鼓自然锈蚀达到一定程度，使用起来不再尽如人意时，大家担心它不再有能力承担得起人们对它所寄予的各种企盼的责任，犹如一个人已经由青年到中年，再步入老年一样，已经失去了往昔的才干和能力，人们便开始考虑置换新的木鼓。对此，人们还是给他们的做法一个“合理”的解释，即认为此时的木鼓，神力正逐渐衰竭或丧失，若不砍新的木鼓加以置换，会影响到人们顺利地与“木依吉”天神的沟通，若得罪了天神，必将导致诸如牲畜成批死亡，本寨人得病死亡人数相对较多，风不调雨不顺而导致的粮食歉收，等等，甚至可能会导致全寨的灭顶之灾。另外，斗富可能是导致“拉木鼓”的另一个原因。

*过程* 传统佤族社会的“拉木鼓”活动，并没有约定俗成的年限规定，但若确定要“拉”时，往往选择在来年的春天，因为这时正是处于收获早已结束，播种开始之前，为农闲时节。也适逢农人们回顾过往、盘算未来的关键时期，在这个时期，人们都要总结经历过的各种事情，与此同时还要确定新的一年里该如何调整自己的行动，以求丰衣足食、人畜安康，“拉木鼓”活动正是这一调整时期的关键行为，人们可以借这次活动改变过往的失误和霉运，剔除不利的影响，改变现状并期望来年获得更好的成果和收获。整个过程包括砍木鼓、拉木鼓、祭木鼓三个重要环节。

*砍木鼓* 砍木鼓是全寨性的活动，主砍木鼓家要杀猪剽牛，煮饭供全寨人吃，因此能砍木鼓的一般是比较富有的人家。砍树之前要敲响旧木鼓通知大家到木鼓房集合，准备拉木鼓。在出发砍木鼓之前，由毕哉杀鸡看卦来确定吉日。到了砍树的地点，也要由他再杀鸡看卦，念祈祷词。念完祈祷词，人们要向树上方射弩、打枪，意在驱赶树鬼。随后由毕哉先用斧头象征性地砍几下，再由众人合力砍伐，直到树倒。砍木鼓时要注意大树倾倒方向，一般倒向村寨方向最好。大树砍倒后，断成一截2米长的树段，将它放置在较平处。当人们将树拉动后，毕哉还要组织人抬来大石头，压在已砍伐的树根上，以保证此树不再生长，“树鬼”今后不会再来找人的麻烦。

*拉木鼓* 树砍倒后第二天，全寨所有健康的男子都去拉木鼓树，妇女有的煮饭送饭，有的则跟男人一起拉。拉木鼓树要直路，一般树上会坐着一位善于辞令的男子，他在木鼓树上吆喝，大伙迎合高呼。在整个拉木鼓过程中，人们步调一致，载歌载舞，喊叫声、欢呼声响彻山谷、林间。有的村寨，当树桩拉到快进村寨时，还会举行纯娱乐性质的拉树桩“比赛”，一队人往寨外拉，另一队人往寨内拉。拉木鼓通常是两天才拉到家，第一天拉到半路，让树在半路歇一晚上，在两头打上树桩，以树将朝寨

子的那棵树桩撵倒为最佳。木鼓树拉回寨子后，要请一位巧匠当师傅，七八个木匠动手雕凿，一般要十天左右才能雕凿完工。

祭木鼓　凿完敲响了，全寨人要庆贺一番。主砍木鼓家要拿出一条经过挑选的毛纯的黄牛，举行一次最隆重的“砍牛”仪式。砍牛前，先将备砍的黄牛拴在牛头桩上，砍牛人装扮成女性，上缠包头，下围裙子，祈祷完毕便长刀一挥，使劲儿把黄牛的后腿一刀砍断。牛倒下后随即将牛尾巴砍断，扔在主砍木鼓家的屋脊上，然后抢肉者一拥而上，霎时间一条活生生的黄牛便剩下斑斑血迹。主砍木鼓的人家忌食牛肉。按照惯例，砍了木鼓后通常要猎人头献祭木鼓、祭社神才能使地方平安，保佑粮食丰收。1958年西盟猎取最后一颗人头后，猎头血祭习俗全面禁止。

知识链接　**猎头祭俗**　猎头是一些人类族群早期和历史发展程度较低的氏族部落中的人们曾经信奉过的一种信仰形式，这是专门奉献最高牺牲——人牲的祭祀方式。佤族的猎头习俗直到20世纪中叶，还比较普遍地存在于佤族分布最为集中的中心地区，佤族猎头是为了祭谷，即“猎头祭谷”。其目的是祈求天神木依吉保佑谷物丰收。佤族传统社会，人们每次向天神木依吉表达他们的祈求时都要在木鼓房敲击木鼓，这是他们唯一的手段，佤族用人头全寨举祭木依吉也是通过木鼓来实现的。因此，佤族的木鼓与猎头习俗有着非常直接的联系。

在传统佤族社会，旧人头没有送走之前是不能砍新的人头再来祭祀天神的。此阶段，由于是各家各户自行主持，除时间外没有任何数量的限制，通常是在每年公历十月到次年五六月间均可，延续时间可长达半年之久。

传统社会里，西盟佤族的“猎头俗”通常是和“打冤家”这种血族复仇的习俗紧紧地联系在一起的。部落与部落之间，长年不断打冤家，相互猎取对方人员的头颅，搅得人心惶惶，恐怖的气氛笼罩着阿佤山，严重地阻挠了

古老的猎头

人头桩

佤族社会经济的发展。中华人民共和国建立后，在党和政府的教育下，阿佤人掌握了科学文化，这种“猎头”和“打冤家”的陋俗在1958年已被彻底废除。

意义与作用 可以说，“拉木鼓”活动将阿佤人的民族心理、行为、艺术、信仰、经济生活融为一体，是民族物质文化生活与精神生活的浓缩。在全寨人共同参与的同时，无形中培养了人们自觉的村寨意识，增强了同寨人之间的认同感、亲和力，客观上促进了村寨内部人们之间的凝聚力和团结意识，达到了共同生活一致对外的现实目的。此外，各寨“拉木鼓”时往往也会热情地邀请友好村寨或亲缘部落前来参加，目的也在于深化友谊，增强共同对外的力量。

# 班洪事件

1840年鸦片战争爆发，以英帝国主义为首的侵略者用大炮打开了中国的大门。1885年，英国侵占缅甸。为打通与中国内地的路线，英国企图变云南为殖民地，不择手段地在中缅边界阿佤山区葫芦王地制造冲突，进行一系列侵略活动。佤族人民为了维护国家主权，进行了一系列反侵略斗争。

班洪班老佤族人民拒绝英国人入境。1886—1912年，英国人从缅甸瓦城（今曼德勒）出发，曾两次派遣武装特务厄廖特、赫布德、布莱特等100余人潜入阿佤山区进行秘密侦察，当即遭到班洪班老佤族人民的拒绝和反抗。

反对中英边界条款。英侵占缅甸后，即与中国商议回勘中英滇缅界务。从1886年至1897年分别商订《中英缅甸条约》《中英滇缅界务条款》《中英滇缅界务续议附款》，在商定时，英方有意蒙混，制造界务不平等条款，遂即遭到佤族人民和全国各族人民的强烈反对。

反对基督教入境。1917年英国人派传教士永伟里和其子永享乐、永文生等，从缅甸柬栋进入今沧源永和地区传教，遭到反对。后转到孟连、澜沧等地发展。

反对英国人偷矿。1929年美国矿业专家卓柏到班洪班老考查后，在矿物学刊上发表文章称“茂隆银厂”为亚洲第一富矿，使英更加坚定了侵占“茂隆银厂”的决心。1930年英国人欲以重金厚礼收买班洪王胡玉山、班老王胡玉堂、班老头人胡岩相（保卫国），遭到严词拒绝。1932年，英工程师伍波兰指使马美廷、宋忠富组织人马偷窃银矿，被一船工发现，将船工杀掉。班洪王知道后派人了解事实，严厉警告马美廷，并拒绝英国人要求一起开办银厂的要求。

1934年1月12日，英国人终于置班洪、班老王的劝告于不顾，悍然派遣500名武装军队侵占炉房，班洪抗英斗争拉开序幕。1934年2月，班洪王胡玉山下令通知班老王胡玉堂头人保岩相，塔田、官仲、芒国、龙垮、嘎细、大公鸡、小公鸡等头人或代表，集会班洪，商议抗英保厂对策和措施，并按照民族传统习俗“剽牛盟誓”。1934年2月8日战斗打响。班洪事件传出后，很快得到全国各地人民的响应和支持。1934年4月，双江、景谷、澜沧、耿马、岩帅、勐角董组成一支抗英队伍，以景谷盐厂老板李希哲（又名李占贤）为首的“西南民众义勇军”1 200余人，奔赴班洪参加抗英。战事持续了半年多，经过浴血奋战，班洪武装和“义勇军”重新夺回了炉房、南大等地，把英军赶到了滚弄江边。正当抗英武装斗争乘胜追击，国民党政府外交部下令云南省主席龙云，责令李希哲撤兵，解散“义勇军”，迫使这一正义斗争被压制下去。

1935年中英进行第二次滇缅南段边界会勘，中国会勘委员被英收买后，企图把勐角、勐董、班洪、班老等大片领土划归英方，当即遭到阿佤山各部落王、头目的强烈反对，界线仍然没有明确解决。1941年，太平洋战争爆发，日军全面进攻东南亚，为得到英国抗日反共军事力量的支持，国民党草率与英国政府划定界线，大片的阿佤山划归英属缅甸。阿佤山各部落王、头目和群

班洪事件中使用的英制手枪

众得知消息后，纷纷提出强烈反对。1954年，班老王保卫国将朝廷颁给的木刻古印等物交给人民政府，经过不懈的斗争和大量的事实作证，班老人民终于回到祖国的怀抱。

震惊中外的“班洪事件”是中国民主革命时期沧源班洪、班老地区佤族人民爱国抗英斗争的历史大事件，是祖国南疆边陲各族人民团结御侮、维护国家统一和领土完整的光辉壮举。它彰显了佤族人民为保卫中国领土和矿产资源，宁死不屈的精神。

知识链接 **班洪抗英纪念遗址** 为纪念“班洪事件”的爱国主义精神，激励各族人民团结奋发，1987年10月19日中共沧源佤族自治县县委、沧源佤族自治县人民政府特建立班洪爱国抗英斗争纪念碑。同年，班洪抗英纪念碑被中共云南省委、云南省人民政府确立为省级爱国主义教育基地、云南省国防教育基地。

该遗址位于沧源县班洪乡班洪村民委员会南300米大榕树旁。佤山班洪为我国近代史中“班洪事件”的发生地。遗址地处脊状山丘中间部位，有榕树2棵，其中山丘顶上的一棵为当年剽

班洪抗英遗址——牛头山

牛盟誓活动时拴牛所用。1992年，沧源县人民政府在此树旁立钢筋混凝土结构纪念碑一座，碑文分别用汉文、佤文书刻，碑额“班洪抗英遗址碑”为云南省前副省长、班洪事件参与人杨克诚同志题写。

# 民族团结会盟（誓词）碑

中华人民共和国成立之初，普洱地区是多民族聚居区，民族关系十分复杂和特殊。1950年，当地34名民族头人及其代表到北京参加了国庆周年观礼，受到毛泽东、周恩来等党和国家领导人的亲切接见，激发了各族代表的爱国热忱。1950年12月26—31日，中共普洱地委在普洱县城召开“普洱区第一届兄弟民族代表会议”，参加会议的有全区15个县（含西双版纳傣族自治州和临沧地区的沧源县）的26个民族852名代表。1951年元旦，参会的26个民族的852名代表在普洱县宁洱镇红场按佤族风俗习惯举行了隆重的“剽牛”和“喝咒水”宣誓仪式，并由佤族代表拉勐完成“剽牛”仪式。代表们立碑永存纪念，表示赞同和坚决支持中国共产党关于边疆工作的“团结、生产、进步”的主张。诸与会代表在“誓词”上签名，立下了民族团结会盟（誓词）碑。

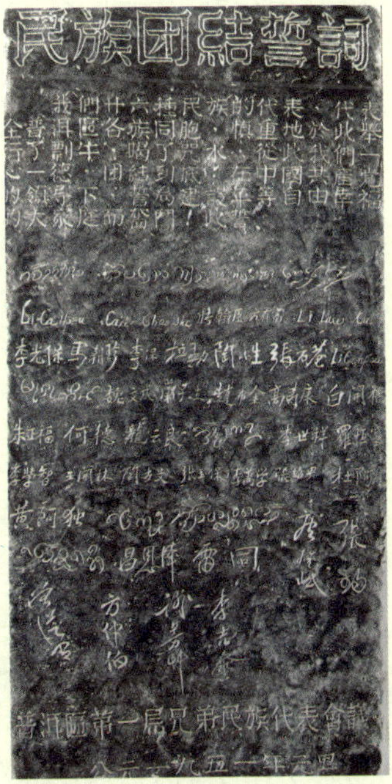

民族团结会盟（誓词）碑

碑文上的誓词，是新中国成立初期通过民族盟誓制度完成的具有约束力的誓词。碑文正面誓词内容为：“我们二十六个民族的代表，代表全普洱区各族同胞，慎重地于此举行了剽牛，喝了咒水，从此我们一心一德，团结到底，在中国共产党的领导下，誓为建设平等自由幸福的大家庭而奋斗！此誓。”碑文背面则是各民族代表的签名。

云南省普洱民族团结誓词碑被誉为“新中国民族团结第一碑”或“中华民族团结第一碑”，它也是中华人民共和国成立后的第一块民族团结誓词碑。盟誓在当时具有很高的法律效力，对普洱地区各民族认同中国共产党领导的新政权起到了积极作用。同时，该碑对于普洱地区各民族团结具有重要意义。

知识链接 **民族团结会盟（誓词）碑** 现矗立于普洱市宁洱哈尼族彝族自治县县城西北侧的普洱民族团结园内，碑长142厘米，宽65厘米，厚12厘米，用白色石灰石雕刻而成。民族团结誓词碑保护范围占地面积4 435平方米，总建筑面积983平方米。民族团结园内有碑亭、浮雕、陈列馆、牌坊式古典大门。

1986年3月，宁洱哈尼族彝族自治县人民政府将此碑公布为县级文物保护单位。1993年11月，云南省人民政府将民族团结会盟（誓词）碑列为第四批省级文物保护单位，并将该旧址命名为省级爱国主义教育基地。2006年5月25日，民族团结会盟（誓词）碑被国务院批准列入第六批全国重点文物保护单位。

# 与汉族的关系

在佤族社会发展的历史长河中，佤族与汉族已经形成了“你中有我，我中有你”的亲密关系。汉文化在佤族地区的传播可分为三个阶段：三国时期诸葛亮对佤族的影响；明朝末年李定国对佤族的影响；清朝吴向贤对佤族的影响。

三国时期，诸葛亮率兵平定南中，对南中实行羁縻政策，在尊重少数民族风俗习惯的基础上，任用少数民族首领为地方官，积极帮助当地群众发展生产，教当地百姓重农耕、盖房子，勿格斗残杀，一致对外。佤族民居“孔明帽”，中缅边境的“公明山”（原称“孔明山”，佤族人心目中的“神山”），沧源县内的“诸葛营”“诸葛坟”等遗迹，其实都是受诸葛孔明的影响的，不同民族、不同文化相互交流、交融的痕迹。

明朝末年，李自成、张献忠领导的农民起义军中的一代杰出将领——李定国，随军在中缅边境的阿佤山区“联明抗清”，驻军在西盟、澜沧，缅甸的勐昌、龙潭等地。为了取得佤族人民的信任与配合，他率领部队“大西军”教当地群众“重农”以发展生产，于是人们开始使用铁三脚做饭，用土罐烤火，用铁犁耕地，等等。清朝初期，李定国与佤族葫芦王和孟定傣族坷三方盟誓合办了茂隆银厂，佤族妇女戴上金属做的头箍、耳筒、项圈、手镯及银壳刀把等装饰物、盛饭的银器等，都与李定国的开拓分不开。佤族人民敬重他，有的李军士卒与佤族联姻，并开始使用汉族的“李”姓，至今，许多佤族老人都认为自己的祖先姓汉族的“李”姓。今沧源佤族自治县永和与糯良交接外的小河，勐省乡回珠村的南邻寨因为大西军帮助群众解决了最为困难的喝水问题，而取名为“南李”，意即“李水”。人们以姓“李”为荣，认为“李”姓的人聪明能干，能生产，能驱虎狼和鬼邪，形成了强烈的民族认同感。

清乾隆八年六月十二日，云南石屏人吴尚贤，与葫芦王地班老头人蜂筑王订立的开办茂隆银厂木契，也即“木刻盟约”，是另一个佤族与汉族友好、融合的例证。《滇海虞衡志》中记载，“滇银矿盛时，内侧昭通之乐马，外则永之茂盛，岁出银不货，故南中富足，但利及天下”，由此可见当时的炼银盛况。除了帮助佤族人民炼银外，吴尚贤还注重全面发展当地的生产，他把矿山分为矿区和生活区两大块，生活区又分住宿区、烤酒区、养马场、养牛场、养猪场、制茶场等，还设了祠堂、关帝庙、财神庙和戏台等。此外，还有规模不小的马帮专门负责驮运粮食、盐等物资，这不仅有助于阿佤山区与外界的信息交流，改善佤族人民的生活现状，更加强了边疆与内地的经济、文化交流。如今，在沧源的南腊、班洪、勐角等地“吴”姓比较多，这都是对吴尚贤的崇敬以及与工匠联姻的结果。

清代茂隆银厂生产的双排字五两银锭

# 第四章
# 民居建筑与饮食习俗

巢居的时代虽已告别，但我们仍保留传统的“干栏式”房屋，试问，无檐怎可凭栏？寨门喜迎来客，它们守护粮仓，它们将木鼓敲响，它们也供你我“撒拉”，也供大伙儿一起尝鸡肉烂饭、畅饮水酒与嚼茶。

阿佤村寨

# 民居建筑

按照房屋演化的进程来说，像许多民族经历的那样，佤族最早的居住形式是穴居，诚如西盟佤族的《司岗里传说》那样居住在岩洞中。之后又经历了巢居形式，沧源崖画中的一所架构在大树上的巢屋，就被认为是巢居时代的反映。一般认为，人们告别巢居时代回到地面上之后，仍有许多民族保留着传统的巢居形式，即在架空的地面上的房屋中居住，也即典型的“干栏式”房屋。随着居处方式的改变及受现代生活方式的影响，有别于传统的“四壁落地式”新式房屋也在佤族村寨流行开来。

现代民居

## 建房选址

佤族寨子一般选在山坡中部比较平缓的地带，建盖时间一般选在头年的12月到第二年4月左右，主要是因为这一时期采集的

建房材料
——巨龙竹

建筑材料不易蛀虫。一般3~5年就要重建，因此年年都有一定的户数建新房。建筑材料有竹子、木料、茅草等，平面布局多为椭圆形。盖房子的工具较为简单，直锛是做木活的主要工具。

建盖新房无论是对佤族人民而言还是对其他民族，都是一种互助性的村社活动。村中的亲戚、邻居、好友都来帮忙，群策群力，送竹子、木料、茅草及水酒、米饭，往往一间房子一日可成，熟人社会的守望相助传统在佤族人民身上体现得淋漓尽致。

在马散流传的《司岗里》的建房步骤是这样的，"第一天打地桩，第二天盖房子的墙，第三天看鸡卦，第四天接祖先的魂"。一般说来，佤族建盖新房大致有如下几个流程：（1）选地基、备料；（2）挖地基，竖房柱；（3）搭房架；（4）上草片；（5）搭设地板，围房墙；（6）设火塘；（7）搭设楼梯；（8）贺新房。其中选地基、准备材料、立房架、贺新房等一系列活动都要请"巴猜"看鸡卦，祭祀有关神灵。

## 佤族房屋建筑体系及功能分布

传统民居、寨门及栅栏、特色粮仓房、神秘的木鼓房、袖珍守地房、情意深浓的撒拉房、庄严的祭祀房，构成佤族完整的房屋建筑体系，并且具有很高的社会文化价值。

传统民居一般有两间，一间为高基础落地式建筑；另一间为干栏式建筑。落地式建筑为主房，一般为三开间和四开间，有楼上和楼下，楼下通常有三间（格）房间，中间为堂屋，供外来客人休闲住宿，左边为主人卧室，右边房间为子女卧室。其中右侧一间为厨房，设有火塘兼饭堂。主房外设走廊，是家中妇女做针线活、洗涮和寨中客人们闲话家常的地方。楼上用木板装修，通常用来安放粮食和一些杂物。

现代火塘

现代寨门

粮仓房

寨门和栅栏是佤族房屋建筑体系的附属建筑，也是村寨最具体的区别标志。其坚固程度甚至可以反映该寨的兴衰富裕状况。古时，为抵御外敌入侵及防兽防盗，寨门和栅栏异常受重视，多是用红椿、水桑树、大红毛树等中等粗的整筒木材劈、凿搭建而成的，并在大门房头上刻有图腾象征物，或者悬挂牛头等物。不仅如此，还会在大门上盖有类似“瞭望塔”的观察房屋。现如今，随着社会发展程度的提高，寨门和栅栏的功能日趋减弱。

作为佤寨有机组成部分的粮仓房，一般建在寨头、寨脚、寨边等离住房一定距离的位置。这主要是由于佤族村寨多以竹、木、茅草等为建房材料，加之房内设火塘，易引发火灾而致。有的村寨粮仓较分散，而有的则是多间粮仓聚集在一处，形成漂亮的建筑群，而占地面积小的方形密封木柜粮仓一般置于房内。为防止粮食受潮发霉及虫害，阿佤人用一种特殊的树叶及牛粪混合的糊状物密封粮仓缝隙。最具佤山特色的则是粮仓护栏、仓门的雕刻：牛头，它体现了佤族原始的图腾崇拜及审美心理。

木鼓房，作为佤寨文化特征之一的木鼓房，也是佤族房屋建筑体系的重要组成部分。历史上，但凡遇到火灾、水灾、外族入侵或组织大规模的社会活动，阿佤人都会拉响木鼓，召集族人。新中国成立前夕，大部分佤族村寨设有木鼓房，在房内摆放一对木鼓，严格说来木鼓平时不准乱敲，而只在传统节日、娱乐喜庆时使用，同时也作为民族纷争械斗时的警报器，以及民间宗教祭祀的讯号工具。

所谓“守地房”，不过是佤族居室的向外延伸部分。一般分为两种，树上守地房和地上守地房。前者是在适宜的树杈上搭设简易的房架，铺上草排或树枝、树叶即可，内可设火塘烧火做饭，房口有竹木梯或藤梯连接。现在常见的守地房大多建在田边、地脚，低矮袖珍，可设围墙或者不设，房内设简易火塘，守地人可在此烧水、煮饭或者避雨。

撒拉房是佤族最富有情意的房屋。居于寨中的撒拉房也称“公房”，它不仅是全寨人白天休息聊天的公共场所，更是年轻男女夜晚梳头谈情的好去处。撒拉房结构简单，和现代的凉亭颇为形似，四根大柱，一根中梁，不设围栏，且有坐凳的功用。当青年男女在表达心意后和开始谈恋爱时，梳头便成了互诉衷肠、你侬我侬的恋爱习俗，而撒拉房也因此成了最为适宜的表演场。

寨外路边的撒拉房则是笃信佛礼之人行善消灾的善房，它的造型与公房相似，只是形体更小，可供行人休息避雨，也是佤族文化和佛教文化的集合地。

## 贺新房习俗

无论一般人家或是旧时的窝郎家，盖了新房都要举行贺新房活动，以此辞旧贺新，祈求平安，答谢帮忙的本寨人。过去，盖一般的草房，必须当天盖好。晚上歌舞饮宴，庆贺新房落成、主人安康。窝郎家盖大房子贺新房时，庆贺活动更加隆重。主人家要准备水酒、肉、菜招待宾客，本寨各家也要给主人馈赠酒、茶等礼物，以表示祝福。

西盟佤族贺新房，要围着柱子跳舞，并要唱贺新房歌，或是一人领唱众人和，或是主人和客人对唱（有的人家请歌手代表主人和客人对唱）。西盟称领唱人为“郎朝”“起来啊，起来，我们一起唱贺新房，一起祝福主人家盖好了新房。”主人也唱些答谢的话，就这样大家亦歌亦舞，主人不断给来客敬水酒，到快要结束时，主客互相拥抱，主人唱送客调，他唱道：“莫客气，莫客气，我的肚子吃得像水牛的肚子，我的肠子吃得像蟒蛇一样鼓。”主人边唱边送客人出门，贺新房活动结束。

# 民居类型

## “干栏式”建筑

阿佤人民长期处于刀耕火种的时期，也常因气候、地质等原因需要迁徙，加之民居建筑材料极易获得，搭建较为简单，每隔3~5年就要重建。不过，这种“干栏式”建筑既可抵御虫蛇侵害，又可防潮防湿避洪灾，由于材料和结构的原因，还利于通风散热。其结构为中国少数民族民居所独有，屋角的图腾崇拜装饰

干栏式民居

的交叉角也为中国民居建筑中未见。

“干栏式”建筑俗称“楼子”，分上下两层，楼上住人，楼下堆柴火或饲养畜禽。楼上分主房和客房两间，设有火门、客门和鬼门。火门，一般开在房子的右侧，为平时进出的住宅门户。客门，开于后壁，与前壁的火门相对，客门出去多为园圃。鬼门，是进出客房的门，门外通常是家人的坟地。主房设有主火塘；客房设客火塘；鬼火塘设在客房靠墙壁处，此处供奉亡灵和各种神灵，有人亡故或祭祀时在此火塘生火，平时不能生火。紧接正门外搭有竹展楼，供晾晒衣服和谷物，进屋的第一间为客间，设简单的客铺，有一火塘，用于煮猪食和供客人取暖。火塘边放水竹筒、器皿和农具。横梁上放储粮竹筒。第二间靠火门的左侧，是主人食宿的主间，有火塘，火塘上面悬吊一块炕巴，作烘烤粮食和放食具，火塘边是卧铺。

佤族“干栏式”建筑有以下几种形式：

**“捏布笼”** 佤语把民居称作“捏布笼”，意为“茅草房(nyiex bloung)”，是以草木为建筑材料的最典型的“干栏式”民居。木、竹构架，有楼，屋顶呈人字形，多用一种接近实心的竹竿做椽子，用竹片、篾子将新割来的茅草扎成“草排”，上层压下层，覆盖屋顶。主要特点是冬暖、夏凉、通风。

**窝郎房** “窝郎”，意为“管木鼓者”，佤族原始社会的最高首领，有大、小之分，大窝郎掌管着部落中的一切事务，小窝郎

▲

干栏式民居——楼梯

窝郎房

▼

鸡罩笼式房屋建筑

管部落中各自氏族的事务。后来随着“头人”的兴起，头人取代了窝郎的许多权力，窝郎则成了专管部落礼俗的村寨首领。在处理有关部落的重大事情时，须由窝郎召集头人开会，窝郎房是主持会议的场所，也是窝郎的住房，又称“大房子”，亦为“干栏式”建筑。

窝郎房建筑造型大方，屋脊竖有佤族图腾。构建以竹木、茅草为建筑材料，结构与一般的佤族民居相同，只是盖房仪式更隆重而复杂，房子的面积更大，内外装饰与普通民居有区别，且房脊两端交叉竖立有木刻的燕子。窝郎房的主火塘一端的屋脊上竖立有木刻男性裸体人像，有的房顶上还放置牛头；鬼门上刻着裸体男性人像；以牛血、赭土锅烟子、石灰等为颜料，在内墙壁上绘有红色、黑色、白色的壁画，壁画内容多为土地、牛头、家畜、舞蹈的人、经常猎取的动物等，以此表示主人有地位和财富，人丁兴旺，能够经常剽牛，猎获丰富，众多宾客来庆贺等意思。

大窝郎在大房子里供奉天神木依吉、男性祖先阿依俄和其他神灵。窝郎房象征着窝郎高贵的社会地位和一定的政治、宗教权力。

**鸡罩笼房** 过去的佤族民居，建筑外形呈伞形锥体，被人形象地称为“孔明帽”和“鸡罩笼”。屋顶用草片铺盖，屋角装饰交叉角，远看如大葫芦顶上插两支小牛角，形如古代的军师帽子而获“孔明帽”之美名，其伞形锥体的外形顶部呈弧形，是葫芦形与塔形的完美结合。

## 马尾式房屋

马尾式房屋，多建在近水源的方便之处。主要是以木构承重，地基用土垫高，周边砌上石块。外墙同样以竹木架构，两面编织草绳，再用拉哈辫抹泥为墙，白灰罩墙，内墙多用双面抹灰的板条墙。屋顶四面斜坡，铺层层草排。多窗，居室多少及大小视需要而定，不远处设有粮仓、牛厩等。住房平面多数为矩形，也有L形，有的设外廊，供人来往闲谈等。

### 四壁落地式房屋

所谓“四壁落地式”是指以四面墙体落地来代替架空的形式，也即常见的“砖混房”。该房屋采用砖作墙体，木或钢筋混凝土结构作承重结构，而二楼同样为竹木结构的民房，是佤族民居的现代建筑类型。20世纪60年代初，佤族地区开始出现砖混结构民房。现在砖混结构民房成为佤族地区新建住房的主流。

缅甸的四壁落地式房屋

## 饮食习俗

在佤族社会生活中，饮食历史文化极其丰富。这与广大的阿佤人民长期生活在山区和半山区、地域宽广、物产丰富等情况有着密不可分的关系。由于阿佤山区的动植物资源非常丰富，为阿佤人民的生产生活提供了优越条件。在长期而持续的与环境互动

木拉

的过程中，阿佤人民形成了自己独特的饮食文化。

历史上，由于佤族社会生产力低下，普遍主食只有大米和玉米，辅食有荞麦、小红米（小米）及薯类等。除家种的粮食和蔬菜外，山中的各种野菜、野果、禽兽类等也是佤族所需食物的重要来源。

现代以来，大部分佤族都以大米为主食，也食用小红米、玉米、豆类，大米用甑子蒸或用锣锅煮熟后用碗盛出来使用筷子吃。以前加工大米都用水碾子碾或石舂，而现在全部用电动碾米机。佤族的饮食比较简单，普遍食用烂饭，一般日食两餐或三餐。过去，佤族在吃饭时大都用手抓食，现在都用筷子和勺。

## 饮食种类

佤族的饮食种类大致可分为以下五种。

一是最为常见的稀饭类，佤语称“馍”(moig)、“格冷”(glem)。因为其节约米、省事、省工、省燃料，又具有较高的营养价值，同时既可当菜又可当饭，此外还有好消化、易吸收、健肠胃、解酷暑的功效。佤族的稀饭大多是蔬菜和肉类的“完美混搭”，用酸菜、干巴菜、青蚕豆、南瓜、冬瓜、红菌、估堆菌、奶浆菌、蜂蛹、猪肉、甜笋、青菜、青豆、枇杷叶、芍药

西盟米荞麦

（薯）、蟋蟀、蚂蚱、小米荞、毛薯、河鱼、白生、虾等原料，辅之以酸笋、食盐、辣椒、花椒、辣蒜、薄荷、辣料、茴香、阿佤芫荽、香草、花生、生姜、芝麻、苤菜、草果等作

料，再和大米混合在一起煮至烂即可食用。稀饭种类很多，在佤族的饮食文化中，最有名的要数鸡肉稀饭了，还有牛苦肠稀饭、鹌鹑稀饭、麂子稀饭（煮法与牛肉相同）、独鼠稀饭、鸟肉稀饭、野兔稀饭。其做法大同小异，但不同的稀饭配作料时有所区别。

二是烧烤类，凡食用菌、竹笋、薯、肉类及瓜果即可烧烤食。

三是舂食类，主要有甜笋、螃蟹、知了、肉干巴、筷豆、小豆、豆豉、姜藐、蜷曲、蟋蟀、蚂蚱、蝉蛹等。

四是炒食类，尤其是家常小炒，如木耳、白芍、豌豆茎、株连果、杩戥果、南瓜籽、菠萝蜜籽、猴子烟袋果籽等。

五是生、熟食凉拌类，生食凉拌的有黄瓜、豌豆茎、刺头菜渣；熟食凉拌的主要有鸡肉、猪头肉、扒猪皮、牛干巴、蜂蛹、萝卜苔渣、竹笋渣、魔芋片、酸粑菜等，但无论生、熟凉拌菜，总是阿佤人最喜爱的酸、辣口感。

▲ 炒苦籽

◀ 锅盐

▲ 凉拌猪皮

▲ 做凉菜

▲ 拌生肉

▲ 凉拌大烟草

## 菜系取材

阿佤人民世代居住在山中，又具有狩猎、采集的知识与经验，故菜系的取材广泛，在民间流传着“一动就是肉，一绿就是菜”的格言。

芭蕉叶橄榄蒸肉

菜肴原料多取之于大自然，具有野味、原味、生态的特点，制作方法粗犷、古朴而简单，味道以辣、麻、苦、咸、酸为特点。阿佤人民嗜好酸辣，菜肴中少不了酸笋和辣椒，因此有腌渍酸笋的习惯。除平日生活中常见的蔬菜，阿佤人也喜欢采摘芭蕉花、枇杷叶、小榕树花苔、水芹菜、马蹄草、鱼腥草、野芭蕉芯等天然无公害的野菜。

肉类则以家养的禽畜为主，如牛、鸡、猪、鸭、羊等。农闲时通常以团体上山捕猎，猎取的野猪、麂子、九节狸、野鸡、鼠、鸟、虫等野味均可食用，是阿佤人的最佳食品。

油脂除食用猪、牛等牲畜油及禽类油外，部分地区的佤族群众还制花生、核桃作油脂食用。

知识链接 **佤族都有杀“年猪”的习惯** 每家每户每年都要杀一至二头年猪。杀年猪要请客吃年猪饭，要揣“猪灌肠”，要挂“腊肉”，要腌“骨头生”。吃年猪饭，要吃“红生”“肝生”，要吃火烧猪皮生。

## 特色食物

在节日期间，佤族的特色食品主要有：牛扒烀、牛撒撇、卤肉、红豆烩水腌菜、油炸白豆腐、豆腐皮煮排骨、腌鸡蛋、牛肉干巴、酸辣鱼、大米饭、糯米饭、小甑酒等。而最具佤族特色的则是鸡肉烂饭、红米饭、红生等。

**鸡肉烂饭** 又称鸡肉稀饭。佤语称“馍亚”(moig ia)、“格冷亚”(glem ia)。主料：鸡肉、大米。配料：酸笋、食盐、辣椒、花椒、辣蒜、薄荷、辣料、茴香、阿佤芫荽、香草、花生、生姜、芝麻、苤菜、草果等。可选择部分配料。其制作方法主要

红米鸡肉烂饭

有两种：一种称手撕鸡肉烂饭，佤族称馍亚价（moig ia jiah）；另一种称刀砍鸡肉烂饭。

在制作中，一是事先备好配料和炊具；二是将鸡杀好，用火燎毛（或浸入沸水），边烧边煺毛，一直烧到鸡毛煺净，清洗干净；三是将处理好的鸡放入锅中用冷水淹没，放入食盐、一撮酸笋或草果，用烈火煮沸约大半成熟后，根据需要放入适量大米混煮（用勺搅拌几下，以免米粘锅焦煳）至沸涨，然后将鸡捞出放凉，手撕成肉丝，待大米黏稠软和后，再配以精心制作的佐料混合拌匀，倒入锅中搅拌即成。当然，因佤族人居住地域的不同，在制作上也有一些差异，主要是在配料的搭配上有所区别。它的特色主要是吃起来清鲜爽口、喷香诱人，软而不稀，取食方便。

白米鸡肉烂饭

佤族鸡肉烂饭是佤族饮食文化中较为普遍的且具有特色的传统菜肴，同时又是接待友好宾客和举办大小红白客事必不可少的美味佳肴。旧时鸡肉烂饭在一般情况下是不能随便煮的，煮了鸡

小红米

肉烂饭象征着大功告成，万事大吉，事已了愿，体现团结、和谐、互助之意。鸡肉烂饭加水酒也是佤族接待宾客的最高礼节。在接待客人时，阿佤人把鸡头连鸡脖子、鸡肚、鸡肝、鸡肠献给长者和职位最高的客人吃以示尊重。

**红米饭** 佤语称“阿姆告绕”（eeb mgaox raoh），是用陆稻红米甑（煮）成的饭。煮制方法如下：一用木甑蒸煮；一用洋锅焖煮。用木甑蒸煮，先用锅将米煮软（或用清水泡透），后把米汤（或泡米水）滗掉，并将米倒入木甑里，再将铁锅置于三脚架火头上，倒入适量的水，将木甑置在锅中并盖上甑罩，待水蒸气蒸发后，红米饭即蒸熟，抬下即可食用。洋锅焖煮，将锅清洗干净后，把红米放入锅中，并盛入适量的清水，置于三脚架火头上，待红米煮软后将米汤滗去，将锅抬下冷却两分钟许，火炭扒在火塘一侧，把洋锅置于火炭上进行焖熟。在焖煮过程中要不断地将锅逆时针方向转动，以调整温度而不使饭被烧焦，焖熟后抬下即可食用。

红生与剁生

**红生与剁生** 红生，是阿佤人民尤其是黄佤最富特色的菜肴，也是招待尊贵客人和逢年过节时必不可少的一道佳肴。其制作过程是：杀了猪后用稻草烧，将几乎烧熟的猪肚皮剥下刮洗干净切成片，再将猪肾、胰腺、猪肝和胸脆骨炒熟切细，用猪心脏周围的附心血和阿佤芫荽、细芫荽、花椒粉、小米辣、香辣子等佐料拌匀即可，色鲜味美，是上乘的珍馐。把红生剁碎了就是剁生。

## 饮水酒

水酒，佤族特有的传统饮料，佤语称“布来浓”。从某种程度上说，类似西南其他地方酿造的“醪糟”。酒色呈乳白或金黄液体状，男女老少饮用皆宜。由于酒渣与酒曲调配适中，发酵的时间长，故而酒味儿香醇，清凉、醇和，度数不高，清香沁人，甘甜爽口，春夏喝着清热、解毒、消暑，健脾利尿，清智提神，秋冬喝着御寒暖身，营养价值较高，因此是佤族不可多得的特色饮品之一，也是佤族接待宾朋、卜卦、婚娶、丧葬、建房、节庆、播种、商谈重大事件、开展重要活动等必备的饮品，有“无酒不成礼”之习俗。

烤酒

水酒杯

酿造水酒的主料有：小红米、玉米、高粱、小米、小麦、荞麦、糯米、粟米、红薯、糯谷；配料是酒曲（自制酒药）。

酿造和过滤方法主要有两种，一种是先将主料用清水清泡两三个小时后淘洗干净，装入甑子（有的还将玉米炒黄后碾碎、

滤水酒的容器

有的直接煮熟）蒸煮成饭，冷却后将酒曲撒入其中搅拌均匀，用烘好的芭蕉叶在箩筐里捂至发酵，至散发出诱人的酒气香味儿后即装入坛罐。储存水酒的坛罐，必须是烧透无开裂的坛子，装酒前必须烘干，最好用火烟烘干。移装坛罐后须密封贮藏，继续发酵，一般为一个半月至三年，即可滤饮。有时由于主料不同，酿造过程中也存在一定差异。其过滤方法是，将酒坛置于高出地面50厘米左右，去掉密封，插入滤酒管，然后灌入安全饮用水满坛，浸泡1小时左右后即可将酒过滤引出。整个制作过程不能沾油和酸食，否则酒会变酸臭。

另一种过滤方法是，把已酿制酒饭装在特制的葫芦中，用冷开水或者天然山泉水浸泡而成。滤酒时根据酒坛大小选择滤酒管粗细。一般浸泡三次过滤较好。有的取适量酒渣在滤酒器里浸泡后进行过滤，但此种方法有损遗留酒料，因此常采用前一种方法。而在佤族民间中把水酒制作得好与否，作为家庭妇女巧与笨的标志，做丈夫的往往以其妻子善制作水酒而备感荣耀。

饮用水酒时较讲究佤族礼仪，待客时多以葫芦和土罐作酒壶，竹筒或大碗作酒杯，斟满敬客，放量畅饮，客人喝得越多，主人越是满意。在互敬水酒时酒杯递给对方，且一定要喝完酒，不得随地倒掉，否则表示不尊重对方。喝酒前，所有被敬的，在喝酒前也要滴上几滴再喝。敬酒人在将酒杯递给客人时，要双手捧杯，半躬半跪将酒杯递给客人，而客人也要双手接起酒杯，然后很有礼貌地将酒喝下。水酒在不同的地方有不同的喝法，在不同的场合喝水酒，表示的意义不同，尤其是接待贵重的宾客，剽牛盟誓，更少不了水酒。

## 饮茶与嚼茶

典型的热带季风气候，干、湿季分明，加之广布的红壤、砖红壤，山峦起伏的阿佤山区成了种茶、采茶的好地方。采摘回来的茶叶一部分靠自己粗略加工，一部分卖到加工厂加工。自己加工茶叶的工序是：用铁锅将青茶叶炒热后，取出来在簸箕或竹巴上揉，然后放到草席上晾晒至半干再揉，揉透后又晾晒，反复两三次后，把它晒干装进麻袋内封好。食用时，用土罐装茶叶在火塘里边烤边抖，待茶叶烤黄，用沸水冲进土罐，再把茶水倒入茶杯内饮用。

向来以旱地农业著称的佤族，许多山地没有水源，在山地里劳作，烈日当空，气候炎热，出汗过多，就会使人口渴，因此，人们外出农耕或上山野外采集狩猎时，均喜欢携带茶叶，待口渴时，抓几片茶叶放入嘴中嚼含，既能止渴又能对人起到清热提神的作用。

制茶

佤山茶园

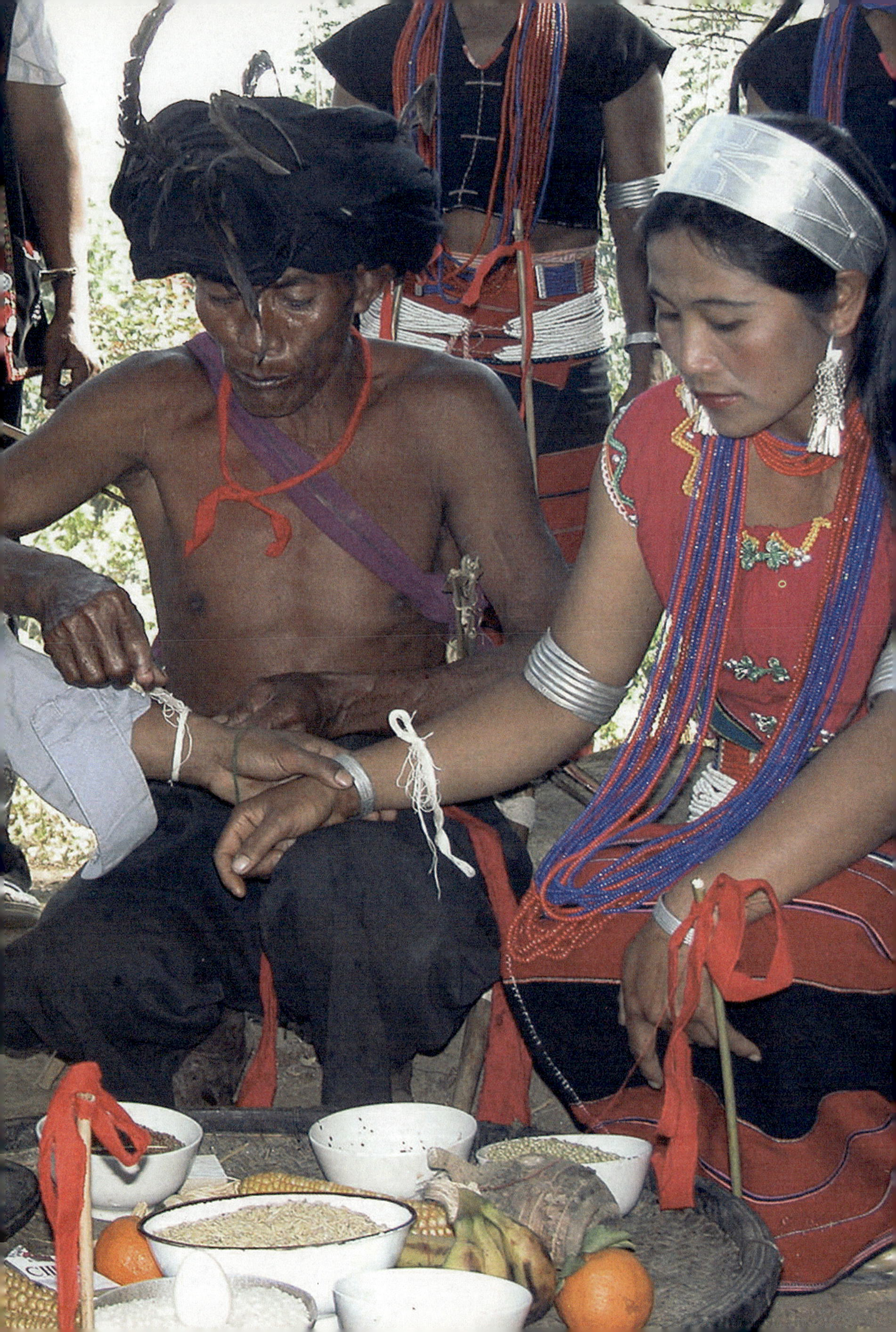

# 第五章 生命周期与人生礼俗

一个民族，因为有了人，才可能生存发展；风俗礼仪成就文化的人，因为有了文化的人，一个社会才可能变得丰富多彩。生命的意义在于它存在的无限潜能。本章我们将从生命的出生、成长、死亡来深入了解佤族的传统风俗礼仪和禁忌规则，了解佤族人民给我们带来的传统智慧。

生命从出生开始到死亡结束，短短几十年，弹指一挥间。自我们出生的那一刻起，文化就会给我们带来深刻的影响，风俗礼仪作为文化的一种形式也开始渐渐在我们的心中生根发芽。

# 取名习俗

## 取本名

在传统佤族社会，婴儿出生两至三天后，就要为其取名。一般是由孩子的舅舅、爷爷或者奶奶负责给婴儿取名。孩子的名字一般由两部分构成：一部分是其排行，这个孩子在该家庭同一辈分中的顺序。男性的排行由长子依次排列为艾、尼、萨姆、赛、俄、楼格、杰特、别特、几姆等，女性以叶、依、安姆、欧、耶特、衣姆、吾、吾特等，依次排序，并且男作男排，女作女排；另一部分则是十天干或十二地支，即该婴儿出生日的生肖。名字有取天干名的，如：嘎（癸）、嘎姆（甲）、纳姆（乙）、惹（丙）、门（丁）、布勒（戊）、改特（己）、块特（庚）、茸（辛）、道（壬）等十位，也有取地支名的，如：者（鼠）、布老（牛）、尼（虎）、猫（兔）、洗（龙）、奢（蛇）、西啊（马）、莫特（羊）、尚（猴）、饶（鸡）、灭特（狗）、格（猪）等十二位。这两部分共同构成了一个人的真名，即为本名。例如：一个婴儿姓氏为汝永榕“李氏”，性别是男，排行长子，生肖相为佤历天干的第六位，地支的第九位，取真名时，将姓氏李“汝永榕”前置，排行名放在中间，天干或地支放在最后，名字就叫作“汝永榕·艾布勒”，即李·艾布勒，或者“汝永榕·艾尚”。

除了取真名，佤族也有一部分取非真名，自中华人民共和国成立以来，取非真名的情况日益流行，非真名主要使用昆、囡、贷、保、强、江、星、英、民等。有些非真名只是一种昵称，例如：昆、囡、贷；有些非真名只是随意选取，并无任何实际意义，例如：江、民等；有一些非真名则有一定的含义，寄托着父辈对于子辈一种美好祝愿和殷切希望。

## 取家庭名

佤族盛行父子（女）联名制。当一对夫妇生育第一个儿女过后，其称谓就会发生变化，由称初名改成家庭名即成年名。父子（女）取名法为：取“家”字——佤语称“业”——前置，去掉长子（女）的排行名“艾（叶）”，取真名后置，共同组成新的家庭名。例如：长子的初名叫“艾块”，父亲的初名叫“萨姆道”，取家庭名时，取家名“业”放在前面，取长子的本名“块”放在中间，再取父亲的本名“道”放在最后，家庭名就将被称为“业块道”，“业”为家的意思，“块”和“道”为长子和父亲本名的相连或者相加。从此，夫妇的称谓就发生了变化，家庭名将被冠以“业块道”，丈夫将被称为“更业块道”，妻子将被称为“咩业块道”。“更”系佤语，是父亲的意思，“咩”也系佤语，是母亲的意思。

父子连名制是父名与子名世代相连的命名制度。在人类社会发展史上，父子连名制是父系制确立的一个重要标志。这一历史文化现象，至今还存在于佤族的社会生活之中。佤族传统社会中在取名时采用特殊的父子联名制。父子联名制佤语称“秋达”，“秋”是“代”或“代数”，“达”是“祖先”或“祖父”，“秋达”即是“祖先的代”。佤族父子连名采用“逆推反连”法，与有些民族的“顺推正连”法不同。佤族“逆推反连”是取名时儿子名在前，父亲名在后，即在儿子的名字后加上父亲的名字。父子连名制与佤族语法有关，佤族语法采用被修饰词在修饰语之前，同时方便确定两代人之间的关系。此外，佤族父子联名制让佤族同源得到确认，佤族所有家谱的前三代大体相同，都是“里赫普依”、“普依司岗”或“司岗里赫”。佤族父子联名制是不忘祖先与历史，但又无文字记载时形成的最为有效的家谱制度。

如西盟马散寨永欧姓父子联名制（家谱）为：

散比里—比里松—松萨—萨特外—特外克龙—克龙勐—猛康—康更—更岗—岗军—军美—美克莱—克莱切特—切特普朗—普朗切恩—切恩尼—尼比欧—比欧各朗—各朗毫克—毫克所—所克娄木—克娄木托—托尔—尔窝—窝普依—普依司岗—司

岗里赫。

佤族的父子联名制是反推上溯法，即从现在的自身念起，一代接一代地上溯，直到念到最后一位，即最早的“开山”始祖那里为止。

笔者2004年，在缅甸佤邦龙潭特区调查时收集到的父子联名制内容。如：鲍俄水的父子连名为：

俄水—水孔—空水—水孙—孙岗—岗莱—莱宪—宪伙—伙挂—挂莱—莱阮—阮块—块嗲—嗲佳—佳叶—嘎令—令荣—容令—枚启—启莱—莱久—久不拉—广郝—刨索—索戈拉—戈朵—朵高—告莱—莱被—被佤（司岗里）。

## 取老年名

佤族夫妻有了孙子孙女之后，家庭名将再次发生变化，由称成年名改称老年名，取老年名仍然采用爷爷与孙子（女）联名法，并且在丈夫的成年名前加“达”，妻子的成年名前加“耶”。“达”为爷爷或公公的意思，“耶”则意为奶奶或者婆婆。佤族取老年名不分年龄大小，只以辈分大小为依据。例如：一对夫妇，丈夫的本名叫“萨姆道”，妻子的本名叫“依改特”，长孙子女的本名叫“艾老”或“叶老”，取老年名时，首先夫妇的尊称“达”或者“耶”放在最前面，取家庭名“业”和长孙本名“老”放在中间，丈夫的本名放在最后，这就构成了新的老年名。从此，丈夫被称为“达业老道”，妻子将被称为“耶业老道”。东部的岩帅地区，取老年名则跟丈夫和妻子的本名取，依据是只要有了孙儿孙女，自己的本名就自然得到提升。

# 生产与育儿风俗

## 产妇生产

佤族妇女在妊娠期间，照常参加生产生活劳动。佤族人家里生小孩儿，都习惯将刺棵放在门头上，意为不让鬼怪进入家中危害婴儿。分娩时，要把带子结成一个圆圈儿悬挂在横梁上，产妇需要扶在带圈上，跪着分娩。接生婆跪在产妇的背后，双手抱起产妇，从上往下按压产妇的腹部，帮助产妇把婴儿从肚子里挤出来。若是碰上难产，则要让产妇的丈夫鸣放塞好炸药的铜枪炮，然后让丈夫帮助接生婆一起挤压，意为让孩子看见自己的父亲后就乐意离开娘的肚子。婴儿出生后，经验丰富的妇女会用冷水清洗婴儿，然后迅速将婴儿放在篾柜盖里，剪下脐带。在这一天中，忌讳生人进家门，若出现这种情况，需要在生人走后给婴儿手臂拴白线，表示留住婴儿的魂。分娩后，通常要请产妇的母亲前来帮助照看。母亲来时要携带一条裙子、一只小母鸡。裙子是用来包婴儿的，小母鸡宰杀后加米，放入一点儿茴香、枇杷菜，煮成粥汤给产妇喝，可以帮助产妇催生乳汁。妇女产后，家里通常要杀一只公鸡占卜，预示小孩一生的命运。

## 育儿习俗

**满月的礼仪**　在佤族的传统习俗当中，孩子满月同样非常重要。在婴儿满月的当天，家人首先会用剪刀剪下婴儿的头发，然后由母亲背着婴儿到本寨的水槽或者水井接水，简单地给孩子洗脸、洗衣被等。满月后的第三天，父母选择良辰吉时出行，并做一些简单的劳动。在孩子满月后，佤族人会举行一种叫作“布里艾”的仪式，大人要杀一只尚未下蛋的小母鸡，孩子母亲带着鸡肉并背着孩子到自己家的田间，教他们认识自己的土地，使其懂得种地是人生的需要。随后，母亲将带来的鸡肉放在临时搭建的小祭坛上，祭祀神灵，保佑幼儿能健康长大，同时，也告诫他们以土为根，热爱劳动。让天地庇护孩子，也使孩子能看见天地。

**生拜**　每当辞旧迎新的年关时节，家中若有婴儿未满周岁，父母要带着自己的婴儿去敬拜家中的爷爷奶奶、外公外婆、舅爷，人们称之为“惹布阿”，意为取宝魂。在此期间，长辈们要给来敬拜的婴儿一只未下蛋的小母鸡作为他的护魂鸡和一个鸡蛋作为他的护魂蛋。鸡蛋要煮给婴儿吃下，而母鸡则需要好好地把它养大。不仅如此，家中的长辈们需要给婴儿拴好棉线。依据佤族的传统风俗，拴棉线代表了婴儿的灵魂和祖先的灵魂已经连接在一起。只有这样，祖先们才能够与婴儿进行沟通。长者要为婴儿祝福祈祷，称之为“朵宽”，意为赐宝魂。

**魂发** 魂发是佤族另一种重要的传统习俗，留魂发的群体主要是10岁以下的孩子，这一群体由于尚未完全长大成人，灵魂还很幼小、稚嫩，经受不住较大的伤害和惊吓。而一旦受到惊吓和伤害，很容易导致灵魂游离于身体之外。因此，在理发时，佤族小孩会以发旋为中心，周围留下一小撮头发作为自己的魂发，其目的就是为了不让灵魂因受到惊吓和伤害而轻易地与身体发生分离，使灵魂牢固地依附于身体。

# 成长教育

从儿童到成人是一个人社会化最重要的时期。对于拥有丰富文化内涵的佤族来说，人的这一阶段是一个蜕变的时期，是学习民族文化和传统习俗最重要的时期。

## 见面礼仪

佤族人在吃饭时，见到外人都会招呼他们“吃饭”。在佤族人心里觉得，在每个人身上都有一种邪气，在外寨人身上更甚，当他们进入自家大门时，这种邪气会变得更为浓重。因此，当佤族人吃饭时见到外人，他们一定会招呼外人进来“吃饭”，即使没有剩余的饭可以分给别人吃，他们也会招呼客人进来“吃饭”。他们认为，如果自己不招呼他们“吃饭”，别人会给自己带来邪气，进而会使自己有肚子疼的危险。

佤族人有杀鸡问客的传统，客人从远方来到佤寨，第一感受就是佤族人那种直爽的性情，佤族人会热情地上前问你吃饭了没有，并主动地帮助你，要是因为你不好意思而客气，那么你就得饿着肚子。要是你说没有，他们仍会热情地招待你。到了佤族人家里，无论你跟主人熟悉与否，他都会给你倒上一杯小红米泡制的水酒，以表示主人的好客之情。

## 招待礼仪

佤族人民热情好客，为人忠厚老实，谈话文雅，尊老爱幼，不说脏话，女主人不得和客人们在一起吃饭，女人在客人面前行走要弯腰躬身，以表达对客人和男主人的尊重。

佤族人接待客人时，都使用最好的饭菜、酒肉招待，鸡肉烂饭和水酒都是待客的最高礼仪。鸡也通常是必不可少的待客之物，他们会想办法抓上一两只鸡，用它煮烂饭，这更能显示出主人对待客人的热情。

**知识链接** 佤族在喝酒之前，一般会先将酒滴在地上几滴，这代表了对天地、老祖宗的一种敬意，希望福气可以降临到自己身边，同时也期盼过世的鬼魂不要在酒中作怪。

酒席间，倒水酒的顺序也颇为讲究，先倒给家里的女主人喝，再给男主人、家里的老人，然后再论资排辈给客人喝，这样表示自家的酒没有毒，请客人放心地喝。如果男女同场，女士优先，敬酒必须连敬两杯，表示人类是两只脚走路，好事必须成双。他们认为喝一杯酒既是不吉利，也是对客人不礼貌的表现。佤族人在给客人倒酒或者给他人敬酒时，自己先干为敬。喝完后再给客人或者他人喝。客人一般不能回敬主人，除非客人是主人的亲朋好友，可以讨一杯酒，按照佤族的礼节去敬身边的人。

## 拜访礼仪

在佤族人看来，走亲访友时，一般的礼物并不是那么重要，可多可少，可有可无。但是，只有酒是必须要带的，酒的数量可多可少，哪怕只带一斤、半斤都可以，否则就是一种十分失礼的表现。客人拜访，主人必须用自家的酒来招待，如上文所说，将酒滴在地上几滴，念祈祷词，祭告天地、祖宗，以此表示对客人的欢迎，否则，会被视为对客人的失礼。然后，再将客人带来的佳酿也滴在地上几滴，祭告天地、祖宗，说明客人的来意。最后，大家共饮。

# 恋爱婚嫁

## 恋爱

佤族未婚的青年男女一般在十六七岁就允许相互交往、恋爱，串姑娘是佤族青年男女进行社会交往，进一步发展为恋人关系的方式。串姑娘分为集体行动和单独行动两种方式。所谓集体行动，就是山寨里的小伙子集体来到姑娘们喜欢聚集的村民家中，借机靠近自己倾慕的女孩儿，并表达爱意，主动献殷勤，以此来增进彼此间的感情。单独行动，就是一个小伙子如果相中了某一个女孩儿，他就会直接到女孩儿家中，在屋檐下以自己独特的方式请姑娘会面，如果姑娘对到访的男孩子中意，就会立刻出来与其见面；如果不中意，女孩子就会不予理睬，佯装入睡。小伙子会送姑娘一些爱情信物，作为他们两人爱情的见证。送的信物没有限制，可以是一把梳子、一块手帕、一面小镜子或者是一副金银小镯子等。一个姑娘可以接受多个男孩子的求爱信物，求爱的信物越多，越说明这个姑娘勤劳、善良、漂亮、人缘好、家风好等，而不能理解为多情，作风不好。一旦姑娘确定与其中一个男孩子进行交往，要把其他的恋爱信物一一送还，只留下与其交往的男孩子的信物，表明两者已经确定恋爱关系。

## 求婚

一对恋人经过半年左右的交往和恋爱，他们觉得彼此合适，定能结成终身伴侣，白头偕老，那么就会进入求婚环节。

第一步是请魂。小伙子通过抢姑娘的包头或者身上的衣物来祭祀本家的神灵，佤族人认为，包头和衣服都有本人的灵魂在其中，抢姑娘的包头或者身上的衣物来祭祀本家的神灵，代表着小伙子的家族接受了这位新成员的加入。姑娘当时会故意做作，不太情愿，但却跟着小伙子到小伙子家中，边走边说让小伙子还给她包头。

第二步是祈神。到了男方家中后，首先会杀一只鸡来祭祀神灵，求神灵们广开恩德，成全这门姻缘。然后大家会欢聚在一起吃煮好的鸡肉烂饭。姑娘还会待在男方家里直到第三天。第三天晚上，未婚夫、媒人和“召拉姆”（助手），带上芭蕉、茶叶、兰烟和水酒把姑娘送回家里，并正式向女方父母及族人提出求婚。虽然女方家长会说拒绝的话，但是最后还是会把女儿嫁给对方，并接受男方的求婚礼物。此时，这门婚事得到了神和人的正式认同，求婚宣告成功。

## 订婚

佤族人订婚称之为“都帕”，在定亲之后，还要经过三次的“都帕”，每次都有较为严格的要求和标准。

第一次，要来送“布来惹”（氏族酒）。男方要带水酒、芭蕉、茶叶等礼物到女方家中，芭蕉和茶叶的数量可多可少，没有限制，但是唯有酒一定要带6瓶，这是因为在佤族传统中，六代人内不分氏族。如果氏族内有基督徒，就得带6束芭蕉、1包茶叶、1包兰烟。6瓶酒或者6束芭蕉是要请女方同氏族所有男主人来吃。他们吃了以后，就代表着同氏族人都已经认可了这门亲事，一旦将来夫妻间有什么纠纷，他们都会义不容辞地参与解决。

第二次，要来送“布来孟”（邻居酒）。这一次也需要送6瓶酒（或者6束芭蕉），邀请周围的邻居们来吃，大家吃了“布来孟”以后，就会成为这门婚事的证人。

第三次，要来送“布来报西歪”（开门酒）。这是订婚送礼的最后一次。只送一瓶水酒给新娘的母亲。她只能在夜深人静的时候喝，喝之前母亲要虔诚地祈祷众神灵，保佑自己的女儿可以结婚后幸福美满，早日养儿育女，等等。

至此，订婚的所有程序便宣告结束。订婚后，男女双方可以相互帮助劳动。订了婚的姑娘就不再参加“串姑娘”活动了，否则就会以破坏人、神共同认可的婚礼论处，遭到男方家的惩罚，甚至被抛弃。

## 结婚

佤族青年男女结婚一般都选择农闲时节。从订婚到结婚间隔

3~5个月，最长也不会超过半年。佤族姑娘出嫁，嫁妆主要有衣服、被子、纺织和生产工具。佤族的结婚仪式比较简单，婚期为3天。结婚仪式一般在下午或者晚上举行。

婚期的第一天，吃完早饭后，男女双方各自请本村寨的村民来喝“布来嘎包”（喜酒），村里的乡亲们同时会带来1碗米、1包茶叶、1块盐巴等礼物。礼物只能带单不带双，佤族人有“单数献人，双数祭鬼”的说法。婚宴期间，人们喝酒唱歌，到了傍晚时分，全寨男女老少凡是愿意都可以到举行婚礼的男女两家吃饭。这时，人们就可不必准备礼物。在开饭前，先由祭司向神灵祈祷，待祈祷完毕，老人先吃，众人才能进餐。

婚期的第二天，男方给女方家里送去聘礼，聘礼中含有部分现金、部分结婚用品和送给女方家的礼物。

婚期的第三天，父母牵着姑娘的手欢欢喜喜同迎亲队伍一起把姑娘送到男方家，新娘来到男方家后，由祭司杀鸡看卦，并对新婚夫妇送上祝福。如果在迎亲的过程中听到麂子叫、狗吠，或者遇到野猫、豹子叼鸡，则被认为是凶兆，暂时不能结婚，需要将婚期往后推。若没有异常，就把姑娘领回来，举行结婚仪式。

新娘过门的第二天早上，男方要杀一头公猪，收拾干净后，把内脏放入猪肚里，用线缝合后送给女方父母，以表示对

婚礼上的拴线仪式

女方父母的敬意。过门后的第三天，新郎要和新娘一起下地劳动一天。

**知识链接** 新婚夫妻在结婚的当年，到了年关，即春节前后，需要去敬拜所有的舅舅，给舅舅敬献礼品，礼品有1包茶叶、1块腊肉、1棵甘蔗、5块糯粑等，而舅舅们则要杀鸡祭神，并请祭司祝福新婚夫妇婚姻美满，养儿育女，创家立业。鸡肉掺米煮成鸡肉香饭，还要用鸡股骨、鸡头和鸡舌占卜吉凶。佤族人认为，新婚夫妻礼拜长者，长者敬神祈祷祝福新人，是人际权利与义务的互动统一，双方各尽其责，各得其所。

# 丧葬风俗

丧葬是佤族生活中的一件大事情，佤族中有“记死不记生”的说法。一个人的生辰可以记不住，但是一个人离世的日子要必须记住。丧葬仪式是佤族人与祖先和神灵的一次对话，是生者对死者与神灵的祭奠，期望死者可以保佑生者健康平安，形成一种人神和谐的氛围。

佤族人认为人的死亡分为善终和凶死两种形式，所谓善终就是指正常的生老病死；凶死是指如自杀、难产、战死、被雷击、被猛兽咬死，孩子出生不满月死，出门在外遇难死等这种非正常的死亡形式。对待这两种死亡的形式，丧葬的形式存在着不同。凶死的人，按照佤族的习俗，是不能与善终的人葬在一起的，他们的墓地在善终公墓的下面。在杀鸡送鬼时，用的是没有长出羽毛的小鸡，这代表了迷茫，分不清方向。哭丧时多为咒骂，谴责死者没有良心，早早地离去。凶死的丧葬流程相对简单，主要为大家介绍善终之人的丧葬风俗。

## 滚鸡蛋择墓

人死后首先需要进行择墓。择墓时，祭司在坟山的一处点一滴酒并随之向死者祷告，会协助死者安排好适合的墓地。然后将茶叶和米撒到地上，将一个鸡蛋举过头顶向后抛，鸡蛋如果烂掉，就在鸡蛋烂掉的地方插一根棍子，代表在坟墓正中央掘墓穴。如果鸡蛋没有烂掉，则重复上述步骤，直到选出为止。

## 净身、含口银

净身就是在死者身体僵硬之前，为其进行洗脸、擦身、换上寿衣的过程，老人在家中离世净身后，家人马上将少许的银、米、茶叶等物放入死者口中，被称为含口银，代表了死者的买路钱，死者可以较为顺利地到达阎王那里报到。用姑娘或者儿媳妇送来的陪葬白布或者棉毯将死者的尸体包裹，并用布条扎好，放置到主火塘的右上方，用红色或者白色的棉线捆住脚趾头，然后家人鸣枪敲锣报丧。

知识链接 按照佤族习俗，男的拴白色的棉线，女的拴红色的棉线。

## 报丧

报丧是佤族人向寨人和亲友报告老人离世的一种习俗。老人去世时，家里人会鸣放3枪或5枪向寨人和亲友报告老人离世的消息。以前报丧时，死者如果是男性，则朝日落的方向鸣枪，如果是女子就敲锣报丧，而现在多用鞭炮代替枪声报丧。寨人一听到枪声或鞭炮反复响后，会自发从家中带一些如米、鸡、盐巴等东西前来帮忙，同时会相互传递信息。远在寨外的人听到响声，也会立即赶回寨子帮忙。一旦殡葬日期确定，就会分头通知远方的亲戚，有的则请人到亲戚朋友家登门报丧。死者装棺材时，也要鸣枪或放鞭炮，意示阴间亡灵前来迎接，同时提示亲朋好友、左邻右舍送丧时辰已快到。小孩死亡或凶死者不报丧，当日即可埋葬。

杀鸡仪式

## 守灵

人死后，家人或亲朋好友需要为死者守夜。守夜的人中，有负责煮菜煮饭、祭献饭菜的，有负责滴酒点烟的，有负责杀鸡、杀牛、杀猪的，有负责收集死者遗物、哭丧的，还有负责安慰家属的，各尽其职，分工明确。尸体没有入棺前，守灵的女性会轮流用笋叶壳扇子不断地给死者脸部扇风，其一是为了尽自己的最后一次孝，愿死者可以安息，其二是为了驱赶蚊蝇，三是为了防止猫狗等动物跨越死者的脸部，如果有动物越过死者脸部，死者转世投胎将会成为动物。守灵会持续到安葬后的三五天。

## 出殡、送丧及下葬

出殡是丧礼的最后仪式，出殡的时间大约在下午五六点钟左右。丧家祭献饭菜完毕后开始出殡。出殡时，人们首先要把棺材盖打开，然后鸣枪或放鞭炮，以提示村寨里的寨民马上就要送葬了，然后再盖上棺。此时，左邻右舍的孩子不能在路上乱跑，必须回避，以免被死者把魂招了去。棺木抬到屋外拴好竹竿，然后由家中壮年男性轮流抬棺。

送殡队伍前通常有一主持者，左右手各拿着一把刀和火把，据说是负责芟路的和驱赶鬼神的；队伍之后也有一个带刀的人，他也是负责赶鬼的。如果在送葬途中遇到岔路口、弯道时，都需要敲锣、鸣枪、放鞭炮，以此来提示亡灵不要走错路。送殡的家属亲友，走在队伍后面，拿着陪葬品，用哭号来表达失去死者的悲伤。

**知识链接** 信仰南传上座部佛教的地方，出殡送葬，必须先告诉本寨寨主，由寨主求寨神让路，殡仪队伍方可发丧出殡。

到达墓地后，主持人首先诵经念咒，祈祷逝者早日安息，并期望逝者可以保佑生者平安健康。在诵经念咒的同时，向墓坑中撒米和滴水酒，然后将棺椁放入墓坑。放棺时，下葬人员站在两边用绳轻轻往下放，摆放好棺木后，

佤族墓地

抽出绳索，撬开木栓并置于棺木上，随葬品放在棺木两旁，随即盖土。没有放入墓穴的随葬品，在旁边挖个坑焚烧。烧不掉、埋不了的如刀、弓弩、锄头等放在坟头上。下葬后填土踏实，围上竹篱笆，不垒坟、不立碑。把死者安葬好后，每个人都要滴下一点酒，点上一根烟。下葬队伍撤离时，鸣枪或放鞭炮，主持人最后一个撤离，并把备好的混合米、茶往后抛撒，下葬人员谁也不准回头。

### 拴线招魂

拴线招魂是丧葬结束后安慰丧家的一种形式。它代表着丧事祭祀已经结束，拴线请亲戚朋友帮忙招魂。拴线的日期一般选择吉日，也有选择在最后献饭围坟的那一天。亲属和寨子里的老者带上一碗米，一个鸡蛋，用棉线为家里人拴线叫魂。拴线要先给小的拴，再按顺序给其他家庭成员拴，父母后拴。拴线讲究男左女右，男的拴在左手上，女的拴在右手上，同时拴的线，一只手上必须是一对。拴线后每个拴线人都要给这家人留下一点儿心意钱，并在拴线过程中为他们祈祷、祝福、鼓励。

### 献饭围坟

死者安葬后，还需要祭一段时间，有的村寨家庭为7天、10天或半月不等。期间，死者家里每天都要在灵堂上献饭、点烟给死者，最后的那天，要备一些饭菜、上水酒，带到坟上祭献，之后用竹笆把坟墓围起来，回家清扫家里，整个丧葬礼仪才算完成。待满周年后，家人集中再去献一次斋饭、扫墓，以后不再上坟。

## 阿佤理

俗话说，没有规矩，不成方圆。每一个社会，每一个民族都有一些行为规范与道德伦理约束着人们的行为与规范，这样现实社会才能和谐运转。在佤族传统社会中，也存在着一套经千百年历史积淀而形成的，为全体成员所认知和接受的传统道德和行为规范，今人称之为“阿佤理”。它是维系佤族社会的重要手段，也是调节人际关系、维护社会秩序的重要保证。

简单地说，“阿佤理”就是佤族人日常生活应该遵循的“道理”，是佤族人民在自己历史发展中形成的各种道德准则、禁忌、制度、礼仪等行为规范的总称，是佤族社会全体成员必须遵循的行为规范准则，是阿佤传统社会中隐蔽秩序的来源。其涉及本部落姓氏、家族、家庭、婚姻、做人、处事以及对外的关系；涉及生产关系、财产保护问题；涉及违反“阿佤理”而受惩罚的具体规定；涉及佤族的思想伦理道德和社会行为等。具体内容大致可分为：家庭内部关系、家族间关系、姻亲关系、邻里关系、村寨成员关系、村际关系、族际关系、世俗社会交往准则、宗教领域社会准则、公共事务领域、村寨公共事务的议事规程等。凡违反“阿佤理”处罚程序与处罚形式时，做出裁决的人员一般是家族长辈、村寨长辈、巴猜等，有时是村寨头人。裁决采用调解，不能调解时采用神判。处罚形式有赔礼道歉、赔偿、洗寨子、处死和驱除村寨等。

佤族的阿佤理是一部无文字表达的习惯法，其中包含着丰富的道德价值规范，规范着人们的行为，使得社会得以协调、合理的发展，是维护社会秩序的重要保证。阿佤理中包含以下主要内容：

1. 凡是泄露本寨机密（主要是军事机密）而引起严重后果的，要受到严厉惩罚，轻者抄家，重者赶出寨子或者处死；如未引起严重后果，要受到头人和寨民的严厉斥责。

2. 发生械斗，全寨所有成年男性都要参加，无故不参与的轻则受到舆论的谴责，并缴纳一定的水酒和谷物作为惩罚，重则甚至抄家。

3. 村寨如举行换水槽、修路、修建木鼓房、拉木鼓等公益劳动，每户必须要有人参加，若有没有参加劳动的，就要向头人缴纳若干斤谷子作为全寨的公用粮。

4. 说话做事触犯“阿佤理”，使他人在物质和精神上受到伤害的必须以实物作为赔偿，如果损失严重，受害者可以抄肇事者的家。

5. 欠债逾期不还的且数额巨大的，债主可以抄负债人的家，拉走牛，甚至可以拉走其子女出卖。若负债者没有可拉的牛，债主可拉其近亲或者同姓人的牛作为抵偿。若债主为外寨人，甚至可拉负债者本寨的牛。

6. 同姓不能结婚。这里是指六代人以内同姓不能结婚。佤族人认为同姓结婚有违于“阿佤理”，得罪了神灵，会使当事人家族衰败，也会使本寨、本部落遭灾。因此，同姓不能结婚，即使发生性关系，也会受到本寨子和本家族的严厉惩处。例如：背石铺路、打扫寨子、罚款、宰牛杀猪祭神等。最后双方不能婚配，为此还要把祭祀神灵的牛头劈成两半，以示男女永远断绝关系。

7. 男青年不得跟已订婚的姑娘谈恋爱，未婚夫有权到该青年家拉牛、抄家。如果与有夫之妇通奸，丈夫有权利严惩这个男人，甚至把他杀掉。

8. 夫妻感情破裂可以离婚。提出离婚者，要向对方赔偿损失。若是女方提出离婚，赔偿男方一切费用；若男方提出离婚，则要赔偿女方的身心亏损。

9. 寨子神林、坟地林、水源头的公有林任何人不得砍伐。若有砍伐者，要按价一律赔偿，还要杀猪、杀鸡祭祀梅依各神。

10. 侵占他人的山地和水田，要如数赔偿，并给主人水酒、芭蕉、茶叶等以示道歉。

# 生活禁忌

在日常的生产生活中，佤族有许多的生产和生活的禁忌。这些生产生活上的禁忌不仅是对佤族人在行为和道德上的限制与规范，同样也体现出了一个民族的智慧和对生活的一片热爱。

## 生产方式方面的禁忌

**播种忌**　播种是农业生产的初始环节，对于十分重视农业生产的佤族人民来说，播种的意义不言而喻，因此，在佤族社会中会有一系列关于播种的禁忌，以此来盼望能收获更多的粮食，人们能过得更加幸福安康。

当仡族人去庄稼地里安置吓鸟雀的假人、假山鹰时，他们不会选择人员来往较多的时候去安置，遇到其他人，也不会回答去哪里等问题。他们认为，如果他们回答了，鸟雀会照样来吃他们的庄稼，影响粮食的收成；而安置在庄稼地里吓鸟雀的假人、假山鹰等木桩是不能用作柴来烧的，如果拿来烧了，砍的人以后走路会摇摇摆摆。在撒菜籽、种黄瓜时，绝对不能抽草烟，如果抽了，种出来的菜和瓜就会特别苦，不好吃。种棉花时，不能穿黑色的衣服，如果穿了，以后棉花就开不好。栽秧不能从最下一丘田开始，要从上到下，否则栽秧速度慢而且长势不好。首先开始播种的头人家在播种当天，不能到办婚事的人家中或者死人的家中，也忌讳客人到自己家里来，一旦出现了以上情况，播下去的种子就会长不好，整个寨子的谷子也会长不好，全寨的人家都会缺粮。播种时如果还有剩余的谷种，要让老人吃，不能给小孩、孕妇和家禽吃，不然来年就会缺粮。在播种了一段时间后，仡族人不能吹芦笙，也不能打歌，如果吹芦笙、打歌，谷魂就会思恋往年，禾苗就会生长不好，粮食就不会丰收。在播撒自己家秧田种子时不能跟别人说话，否则秧苗就不会发芽。

**狩猎禁忌**　狩猎作为一种较为原始的生产方式，已经渐渐离我们远去甚至消失，但是，仡族依旧保留了狩猎的技艺，还有一些有关狩猎的禁忌在其文化中得以留存。

在上山打猎出寨子时要注意听预兆鸟声，鸟声在左前方为吉兆，在右前方为凶兆，若是鸟声凶，就会打猎无收获。斑鸠是不能在屋脊上栖息的，如果有斑鸠在屋脊上栖息，说明这只斑鸠是一只鬼斑鸠，主人就会生病。凿制弩弓等猎具，不能在地支属虎的日子凿制，仡族人认为，属虎的日子过于“强硬”，打不着猎物。在寻猎的路上，不要踩到同伴的脚后跟，不能谈及女人，遇到蛇不要打，狩猎时不能携带药物，不能抽烟、喝酒，猎人不能独食猎物，否则猎人就打不到猎物，等等。

**其他的生产禁忌**　选好了的地基是不能相互交换的，否则，两家都会遭灾遇难；如果是在别人的地基上建房子的话，火塘的方向一定要改变，如果不改变，就会因为抵不过前人的命而经常生病；平整好的地基，备好的木料、草片是绝对不允许狗在上面屙屎的，如果出现该情况，那是十分不吉利的，新房的主人会经常生病；盖房子要顺着山势盖，不能跨山建设，穿山甲、竹鼠不能在屋里、窝棚里打洞，否则房屋的主人会经常生病。

男女一起纺线，忌讳线在中间断掉，如果线断开了，他们是要分开的。

在酿制水酒时，严禁将酸果子、鱼、螃蟹带回家，也禁止别人进自己家，否则酿出的水酒非酸即苦。

开始收割谷子时，从田里应直接回到自己家，不能到别人家里去，打谷子时，不能把谷子放到野外泼洒，否则主人家就容易缺粮；不能用弩、枪等打自己家的牲畜家禽，如果打了，以后饲养家禽就会不兴旺。

## 日常生活的禁忌

佤族人民对生活充满无限希望和向往，是一个热爱生活的民族。因此，他们十分注重生活的点点滴滴，懂得品味生活，感悟生活。以下我们将从出行禁忌、行为禁忌、儿童禁忌等三个方面感受佤族人民对于生活的那分热忱。

**出行禁忌**　在朔日、望日这两天最好不要出远门，即使出门也不能在别的寨子住宿，不然自己会生病；在大病、分娩、结婚后，即使要出寨门也不能选在本家忌日或者地支属虎的那天出行，否则自己会生病；如果出门做生意在路上遇到有人分娩，佤族人认为生意肯定做不成；出门如果听到“木丙林”（预兆鸟）的鸣叫声，依照佤族人的禁忌，就不能出门上路了；丈夫出门做生意，妻子不能马上扫地，如果马上扫地，丈夫生意肯定做不成。

**行为禁忌**　不要在三脚架上烧柴禾，否则以后走路、跑步，喘气会不顺畅；不允许量门口有多宽，这说明要抬死人出去之前，先量一量门有多宽，棺材能否出得去；不能跨、踩扫帚，否则以后走路、跑步，常会跌倒；朔日、望日、晦日不要睡懒觉，否则就会生病；在屋里睡觉，脚不能朝神龛处，不然就会生病；深夜不能洗碗筷，这样饭魂会被冲走，以后就会缺粮；夜晚不能缝补衣物，夜晚缝补衣物是给死人穿的；不要在晚上剪脚趾甲，以后走路会踢着石头；太阳落山后扫地，不要把垃圾往外倒，否则饭魂、家魂会跟着去，以后就会缺粮缺钱；不能将吃饭时掉在地上的饭粒扫进火塘里，否则饭魂会受惊吓跑掉，人就会受穷；从谷仓拿谷子时，不要全部拿完，若是拿干净，谷魂会从仓库跑掉，以后就会缺粮；山歌只在山上野外吟唱，不能在家里吟唱，否则会被斥为败坏门风；公公不能进儿媳房，否则会被斥为败坏门风；不要在炕笆上挂晾衣物，若挂了，以后会摇头晃脑的；若是胡蜂悬挂在房屋上方的仓库里就不吉利，会遭受灾难；不能在门框上挂扫帚，否则家魂会生气跑掉，主人会生病；不要忘了喂狗，否则它会骂人，主人吃饭肚子就会疼；年轻人不要用松明火点烟，否则以后视力不好；不要抽隔夜塞的蓝烟，若抽了，以后记性就不好，容易健忘。

**儿童禁忌** 小孩子不能吃悬挂新坑笆时煮的饭，否则长大了就会摇头晃脑；小孩子不能吃麻雀肉，否则以后就像麻雀一样话多；男孩子不能吃寡鸡蛋，否则以后就会反应迟钝；小孩子不要吃鸡头、鸟头，否则以后砍木料、劈板子持刀斧就不准；小孩子不要吃刚出生的动物肉，如猪仔、牛仔等，若吃了，以后会流鼻涕多，汗垢多；小孩子不要喝茶，否则以后胡子会长得密；小孩子不要吃春季的蚂蚱，因为它出得晚，以后遇到什么事，就会反应迟钝；小孩子不要吃孵卵时死在鸡窝里的鸡肉，否则以后就会生病；小孩子不能用手指着天空的彩虹，否则以后手指会弯曲如彩虹；小孩子不要摇晃燃着火的柴火，否则晚上睡觉会梦游；未成年人不能种植树木、竹子、芭蕉等，否则身体会不健康。

## 特殊时期的禁忌

在一些特殊的日子，佤族会有一些不同的禁忌，如节日、恋爱结婚、生育、丧葬时的禁忌，使我们更加全面地认识佤族这个民族。

**节日禁忌** 在过春节期间，绝对不能把炊具、生产工具、饲养的牲口等留在山上，若不收回家，它们就会咒骂主人，这样主人会生病；不能杀猪、鸡、牛，不能请客送礼，否则，以后饲养家畜就不会兴旺，粮食就不会够吃；不能到别寨走访亲友，若去了容易受伤或者生病。过节期间，忌讳死人、分娩，若有一人死了或有哪家增丁，这个节就算不吉利，要重新过年，否则，来年就会缺吃少穿，有灾难降临。节日期间禁忌农事活动。过春节的早上，不能随便窜进别人家，否则主人家的庄稼会被老鼠、山雀糟蹋。

**恋爱结婚禁忌** 同姓人不能通婚，如果违反了“阿佤理”，会遭受鬼神的惩罚，导致畜死人亡，经常遭遇旱涝灾害，庄稼收成很差。小伙子在串某一个姑娘时，晚上如果梦见老虎、穿新衣服、树倒、桥断等就要趁早与这个姑娘断绝关系。即便以后结为夫妻，也会好景不长，迟早要走向离异的命运。

对于送彩礼的人和媒人也有一定的禁忌。已经给姑娘家送过彩礼的小伙子是绝对不能参加打仗、械斗的，否则他很容易受伤遇难；媒人和到姑娘家送彩礼的人，在送完彩礼以后，是不能到盖新房或者有死人的人家去的，否则夫妻关系不好，感情不和；给姑娘家送去的酒、糖、芭蕉等彩礼，孕妇不能吃，否则也容易导致以后夫妻关系不和睦。

在结婚时间的选定上也有一定的禁忌。如佤族人认为新人结婚的最佳时间是在秋收后到春节前，春节之后是不准结婚的，佤族人也忌讳在属虎之年结婚，若出现了上述情况，夫妻间感情容易动荡，容易导致离异。在迎亲和送亲时，迎送亲队伍中不能出现狗、猪、鸡或者人横闯到他们中间的情况，如果动物或人横闯，那么夫妻关系就不会长久，迟早会分手。

在新婚后，佤族也对新人、亲家提出一些禁忌。如未满“一七”(即七天)，新婚夫妇不能跨进别人家的门槛。结婚未满一个月，新婚夫妇不能一起吃南瓜，分吃梨果、黄瓜等，佤族人认为这些东西是需要用刀切开的，切开代表了分开。另外，新人也不能一起吃狗肉、白鸡肉、老虎肉、豹子肉、野猪肉，因为这些动物是挡路的，新人如果一起吃了这样的动物肉，以后夫妻关系就不会和睦，感情很容易淡漠，进而分离；同样，亲家也不能一起吃狗肉、白鸡肉。

**生育禁忌** 在饮食方面，产妇在妊娠期间不能吃酸东西（酸果子），否则以后可能会牙酸、麻木；不能吃鸟肉，否则乳汁就会变少；不能吃蛇肉，否则孩子生下来会伸舌头，不利于孩子的成长；也不能吃未成熟并且树断了的芭蕉，否则以后产妇的腰会疼；孕妇和其丈夫不能随便吃拿回家的新米、新苞谷（玉米）、新果子和新南瓜，否则家里的粮食就会不够吃；产妇和其丈夫不能吃祭祀饭和祭新房饭，否则主祭家和新房主人家的粮食就会不够吃，并且孕妇容易流产。此外还有生产禁忌和婴儿禁忌，在这里不一一详述。

**丧葬禁忌** 男人死了，要送小母鸡；女人死了，要送小公鸡；将死人抬出屋时，不要让死者的头朝前，假若头朝前他会看着寨子里的活人，活人容易生病；用被子裹死人要反着裹，这样死人才知自己已经死了，不来烦扰活人；办丧事时杀的猪头、牛头，本姓人不能吃，若是吃了，相当于吃自己的头；凶死不能带棺材，要用篾笆裹起来就安葬，若带棺材，全寨人都会有灾难；人死后，受伤的人不能抢先来看，否则伤势会严重，这样伤口难以痊愈；丧家的任何人在丧事还未完结之前或未满一个月的，禁止到别家串门或出门不能过夜，安葬长辈、父母的这天为本家的忌日，不能办婚事、建房屋、下种子，更不能出远门，否则，本家会遭灾；难产而死的妇女，不能从正门抬出，要拆开竹笆墙成一个洞拖出来，若从正门抬出，活人会生病；家里有人过世，安葬后十天内家属一般不下地劳动；安葬死人时，要吃净米饭和肉，不能吃杂粮和蔬菜；人死之后，不给家神祭祀和安慰，不能盖新房和结婚，也不能在新一年里播种。

# 第六章
# 古老的语言
# 年轻的文字

佤语，属于南亚语系孟高棉语族佤德语支，与佤族的历史一样悠久。而佤文呢？一直采用代代相传、口述历史的佤族，直到20世纪30年代，西方传教士才创制了拉丁字母形式的“撒拉佤文”，而现阶段使用的则是20世纪50年代中国政府创制的新版拼音佤文。

佤语属于南亚语系孟高棉语族佤德语支。佤语内部可分为巴饶克方言、阿佤方言和佤方言三种。巴饶克方言有三个土语，阿佤方言有四个土语，佤方言没有土语差别。佤族历史上只有语言，没有文字，所以他们一般用刻木或结绳记事，他们的历史也是代代相传的口述历史。直到20世纪30年代，西方传教士才为他们创制了拉丁字母形式的佤文，俗称撒拉文。佤族人民首次拥有了可以书写的文字，但这种文字主要在信仰基督教的佤族地区使用，普及度不高，而且存在着诸多的缺陷。1957年3月，人民政府为佤族创制了一套拼音文字，并经过了多次的修订和实验然后推行，终于在1964年9月制定出了最终的《佤文方案》。至此，佤族人民才有了真正属于自己本民族的正式文字。

# 佤族语言

## 佤语中的三种方言

佤语内部语言存在方言、土语的差异，自称“巴饶”的佤族地区为巴饶克方言，方言内又分为岩帅土语、班洪土语和大寨土语等三种；自称“阿佤”的佤族地区为阿佤方言，方言内又分为马散土语、阿佤来土语、大芒糯土语和细允土语等四种；自称“佤”的佤族地区为佤方言，只有勐汞土语一种。三种方言使用人数以布饶克方言最多，其次是阿佤方言，再次为佤方言。三种方言在语音、词汇和语法上都有他们的共同点，有比较一致的基本词汇和语法结构，但也存在不同程度的差异，这种差异主要表现在语音和词汇两方面。

**巴饶克方言** 巴饶克方言主要分布在沧源佤族自治县、耿马傣族佤族自治县、双江拉祜族佤族布朗族傣族自治县和澜沧拉祜族自治县等县，这些地区处于阿佤山边缘地带，接近傣族和汉族居住区，有的甚至与这些民族交错杂居。巴饶克方言包括岩帅土语、班洪土语和大寨土语。

*岩帅土语* 岩帅土语主要分布于沧源县境内的岩帅、团结、勐省、糯良、单甲、勐角、勐来、永和等地，双江的沙河、勐

勐、南榔等地，耿马境内的四排山、贺派、勐简、孟定、福荣等地，澜沧境内的文东、上允、雪林等地。使用人口约22万人（2000年统计）。

**班洪土语** 班洪土语主要分布于沧源境内的班洪、班老、南腊的大部分村寨。使用人口约4万人（2000年统计）。

**大寨土语** 大寨土语主要分布于耿马境内的勐简、大寨等地。使用人口约3 000人（2000年统计）。

**阿佤方言** 阿佤方言主要分布在西盟佤族自治县和孟连傣族拉祜族佤族自治县，两县都处于阿佤山的中心地带。在中华人民共和国成立之前，这里因交通闭塞，经济滞后，加之还有残留猎取人头的陋习，造成当地佤族与其他民族交往甚少，由于如此，这里的佤族社会还处于部落经济形态。有关的历史学者认为他们尚处于“原始社会”末期，受外来民族影响较少，所以更多地保留了本民族的特点，他们的语言也是如此。

阿佤方言主要包括马散土语、阿瓦来土语、大芒糯土语和细允土语。

马散土语主要分布于西盟境内的莫窝、新厂、中课、勐梭、岳宋、翁嘎科、力所的部分村寨等地。使用人口约6万人（2000年统计）。

阿佤来土语主要分布于西盟境内的力所的阿佤来。使用人口约3 000人（2000年统计）。

大芒糯土语主要分布在孟连境内的富岩、公信、腊垒、南雅及西盟县境内翁嘎科的部分村寨。使用人口约3万人（2000年统计）。

细允土语主要分布于澜沧境内的东回细允，孟连境内勐满双柏等地。使用人口约5 000人（2000年统计）。

**佤方言** 佤方言主要分布于永德县境内的德党、勐汞、明朗、勐板、永康、大山等地，镇康县境内的忙丙、木厂等地，沧源县境内南腊的部分村寨。使用人口约4万人（2000年统计）。

语言是人们互动交流的工具，也是每个民族的重要特征之一。佤语中方言和土语的差别反映了这一民族形成和发展进程中的多元化，但总的来看，各方言之间的共同性是主要的，差异性是次要的。各方言的人们之间，基本上能互相听懂对方的语言。

## 佤语的基本特点

**佤语语音的主要特点**

1. 佤语辅音比较整齐，塞音、塞擦音做声母时清与浊、送气与不送气对立；鼻音、边音、颤音、擦音做声母时，有送气与不送气之分。

2. 佤语有边音l、颤音r与双唇、舌面后塞音组成两套完整的复辅音声母。

3. 佤语元音韵母不分长短音，有松紧音之分。

4. 佤语有-p、-t、-k、-m、-n、-ŋ、-h、-、等八个辅音韵尾。

**佤语词汇的主要特点**

1. 佤语词汇有单纯词与合成词之分，单音节的单纯词较多，双音节的单纯词次之，多音节的单纯词较少。词汇系统由固有词、外来语借词等组成。借词中傣语借词较多，汉语借词次之。

2. 佤语词汇主要使用内部屈折法构词，可区分自动词、使动词、他动词及人称代词的数与称谓等，极少数词以加词缀区分词类。

3. 佤语属于屈折型语言，词汇中没有体、格、时态等标记。

**佤语语法的主要特点**

1. 佤语词分为名词、代词、数词、量词、动词、形容词、副词、介词、连词、助词、叹词等十一类。

2. 佤语在句法方面，主要使用虚词和语序等分析型的语法表现手段。

3. 佤语属于SVO型语言（subject-verb-object），其语序主要有：主语—谓语—宾语；主语—谓语—补语；名词中心词—定语；状语—动词、形容词中心词或动词、形容词中心词—状语。

**佤语的使用情况**

1. 在佤族家庭和村寨内部均使用佤语。

2. 在佤族居住中心区的集市中一般使用佤语；而在与其他民族混合的集市上，一般使用汉语或傣语。地方政府部门不同民族之间交流时一般使用汉语，佤族干部相互交流时则使用佤语。

3. 佤族地区举行宗教祭祀活动时，一律使用佤语，即使信仰不同的宗教也一样。

# 佤文的创制

佤族历史上只有语言，没有文字，所以他们一般用刻木或结绳记事，他们的历史也是代代相传的口述的历史。关于佤族为什么没有文字的传说也有几种不同的版本，一种是流传于临沧市沧源县的神话传说。神话中讲述的是三兄弟不畏艰辛去找智慧老人学习语言和文字，老二、老三学会傣语和汉语后把自己的文字记在了白布和纸上，而老大学会佤语后把佤文写在了自带的牛皮上。在各自返回的路上，老大因为肚子饿就将记录文字的牛皮割下烤着吃了，从此就只有语言而没有文字了。在其他佤族地区还有不同的异文，临沧市耿马傣族佤族自治县佤族中流传着《佤族为什么没有文字的传说》，传说在刻木记事时代，每一个民族都没有自己的文字。但随着语言的产生，人们有了进行交流的工具，较先进的民族也就创造了自己的文字。据说，佤族的文字是从“神”那里学来的，学回来的时候写在牛皮上。但佤族依然过着迁徙、游猎的生活，有了上顿没下顿，路途中，肚子饿了，就把牛皮烧来吃掉了。因此，佤族没有自己的文字。耿马傣族佤族自治县流传的《大寨佤族“没有文字”的传说》讲述的是很早很早以前，神仙下来发文字，除了大寨佤族，很多民族都领到了文字，原因也是佤族记录文字的牛皮衣被烧吃了。作为一个分布广泛而又历史悠久的古老族群，历史上，佤族是否真的存在过文字，也许，这有待于考古学乃至其他科学的印证，因此，我们存疑并不为过。

20世纪30年代，西方传教士为传教的需要创制了拉丁字母形式的佤文，俗称撒拉文。佤族人民首次拥有了可以书写的文字，但这种文字主要在信仰基督教的佤族地区使用，普及度不高，而且存在着诸多缺陷。

中华人民共和国成立后，党和政府非常重视佤族的文字问题，1955年10月，中央民族事务委员会在云南昆明专门召开了“关于佤族文字问题座谈会”，认为给佤族人民解决文字问题是非常及时和必要的。1956年5月，中国科学院少数民族语言调查第三工作队和云南省少数民族语文指导工作委员会对佤语进行了普查，并做了科学的分析，写出了“佤族语言情况和文字问题的调查报告”，确定了以政治、经济、文化比较发达，语言具有普遍性，使用人口较多的巴饶方言为基础方言，以在广大佤族群众中享有威信的沧源佤族自治县岩帅佤语语音为标准音，在此基础上拟定了“佤族文字方案”（草案）。1957年3月，在昆明召开了各地佤族各阶层代表参加的“云南省少数民族语言文字科学讨论会”，会议通过了《佤族文字方案（草案）》，同年6月，云南省人民政府报中央民委批准在佤族聚居地区试验推行，终于在1964年9月制定出了最终的《佤文方案》。至此，佤族人民才有了真正属于自己本民族的文字。

## 外国传教士创制的佤文——撒拉文（老佤文）

20世纪30年代，一些进入阿佤山区的外国传教士，为了便于他们在佤族地区传教，采用拉丁字母设计了一套用来拼写佤语的文字，佤族群众称之为“赖撒拉”（lai sa la），意即“传教士文字”，sa la为拉祜语，意为“传教士”，习惯上一般简称这套文字为“撒拉文”或老佤文。这一套文字系统是英国传教士永伟里（William Young）、永文生（Vincent Young）等人于20世纪30年代设计的，这套文字最早主要是一些有关基督教的出版物，主要有：1934年出版的《约翰福音》，1935年出版的《马太福音》，1938年出版的全本《新约全书》等。协助传教士设计这套撒拉文的佤族“撒拉”，大多为普洱市澜沧拉祜族自治县安康乡和临沧市沧源佤族自治县岩帅镇一带的佤族人，所以这套文字的设计是以这一带的佤语布饶克方言为基础而设计的。目前这套文字现已停止使用。

佤文《新约全书》

虽然撒拉文是佤族的第一套文字，对于佤族来说具有非常重要的意义，但也正因为是第一套文字，所以撒拉文存在一些缺陷：（1）没有全面、准确的描写佤语布饶克方言，不少音位没有描写出来；（2）没有发现并描写出佤语布饶克方言中具有辨义作用的语言成分；（3）只在信仰基督教的佤族地区使用，覆盖率不高，普及度不广。撒拉文的这些诸多不足使得创制新的佤文显得越来越迫在眉睫。

## 中国政府创制的佤文——现行佤文

**佤文创制的过程** 1952年2月，中央人民政府政务院在《关于民族事务的几项决定》中宣告在政务院文化教育委员会内设民

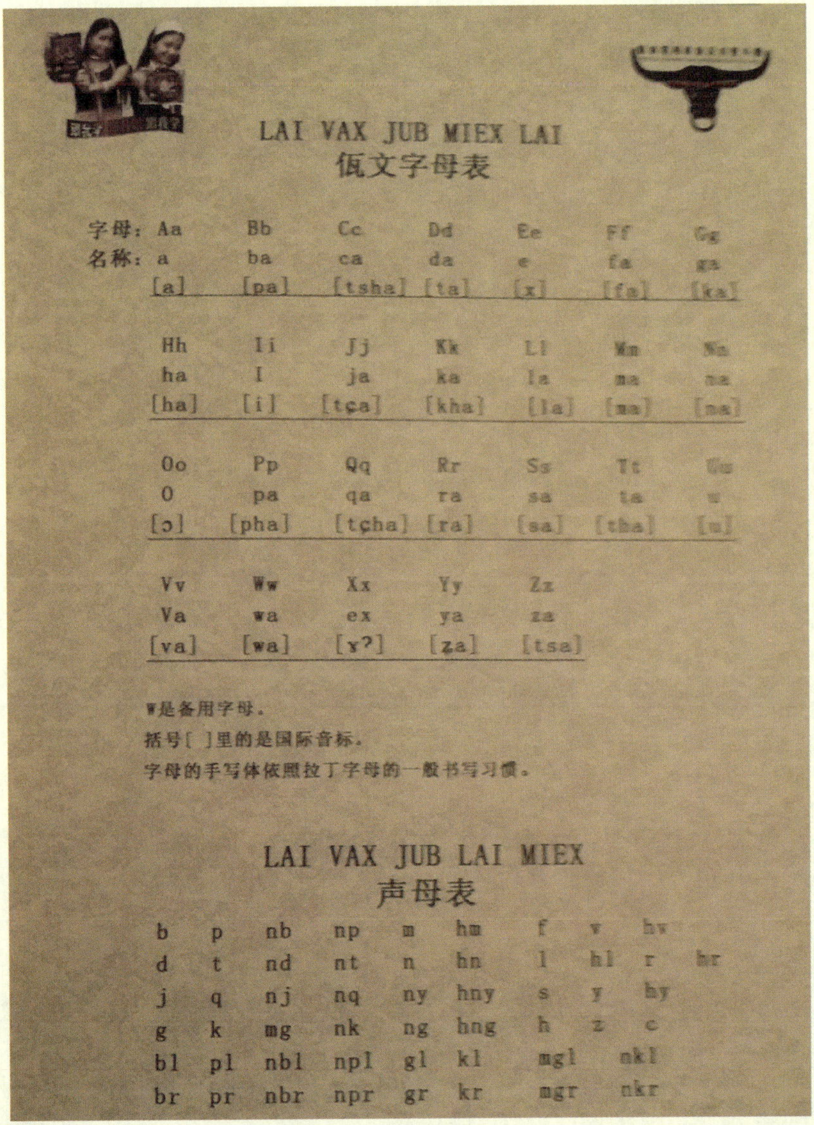

LAI VAX JUB MIEX LAI

佤文字母表

| | | | | | | | |
|---|---|---|---|---|---|---|---|
| 字母： | Aa | Bb | Cc | Dd | Ee | Ff | Gg |
| 名称： | a | ba | ca | da | e | fa | ga |
| | [a] | [pa] | [tsha] | [ta] | [ɤ] | [fa] | [ka] |
| | Hh | Ii | Jj | Kk | Ll | Mm | Nn |
| | ha | I | ja | ka | la | ma | na |
| | [ha] | [i] | [tɕa] | [kha] | [la] | [ma] | [na] |
| | Oo | Pp | Qq | Rr | Ss | Tt | Uu |
| | O | pa | qa | ra | sa | ta | u |
| | [ɔ] | [pha] | [tɕha] | [ra] | [sa] | [tha] | [u] |
| | Vv | Ww | Xx | Yy | Zz | | |
| | Va | wa | ex | ya | za | | |
| | [va] | [wa] | [ɤʔ] | [ʑa] | [tsa] | | |

W是备用字母。

括号[ ]里的是国际音标。

字母的手写体依照拉丁字母的一般书写习惯。

LAI VAX JUB LAI MIEX

声母表

| | | | | | | | | | |
|---|---|---|---|---|---|---|---|---|---|
| b | p | nb | np | m | hm | f | v | hv | |
| d | t | nd | nt | n | hn | l | hl | r | hr |
| j | q | nj | nq | ny | hny | s | y | hy | |
| g | k | mg | nk | ng | hng | h | z | c | |
| bl | pl | nbl | npl | gl | kl | mgl | nkl | | |
| br | pr | nbr | npr | gr | kr | mgr | nkr | | |

佤文字母表

族语言文字研究指导委员会，指导和组织关于少数民族语言文字的研究工作，帮助尚无文字的民族创制文字，帮助文字不完备的民族逐渐充实其文字。

为此，中央民族学院于1951年就开始着手培养民族语文干部，1952年该院语文系开设了国内16种少数民族语言的专业。除了参加我国高校有史以来的第一次全国统一招生之外，还从北京大学等有关院校抽调了一批学生来学习少数民族语言，佤语即是其中之一。这些佤语专业的同学后来成为佤文创制的主要成员，是佤文的主要设计与创制者，在后来的科研、教学工作中，这些专家基本上都是从事佤语文工作的，为佤族文化的传承与保留、佤族教育事业的进步与发展做出了无可替代的贡献。

1957年3月，在有各地佤族各阶层代表参加的云南省少数民族语言文字科学讨论会上通过了《佤文方案（草案）》。在《佤文方案（草案）》中规定：

以政治、经济、文化较为发达，语言普遍性较大，使用人口较多的巴饶克方言为基础方言；以在广大佤族群众中享有威信的沧源县岩帅佤语语音为标准音。并以拉丁字母为基础，同时借用了国际音标以及部分俄文字母为佤文的字母系统。

同年6月，经云南省人民政府批准，在佤族聚居地区实验推行。7月，在沧源县县委党校开办了首期佤文实验推行训练班。这个训练班为期6个月，共有男女学员70名。经过半年的实验教学，学员们一致认为，确定的标准音点和基础方言是合适的，佤文是受欢迎的。但对借用几个俄文字母和国际音标提出了意见和建议，认为这些字母不便于书写和印刷，有的还容易混淆。

1958年，中国科学院少数民族语言调查第三工作队和云南省少数民族语文指导工作委员会，根据国务院“关于少数民族文字方案中设计字母的几项原则”的指导精神，结合佤文试验推行中广大佤族群众和各阶层代表的意见，对草案进行适当的、科学的修订。

1964年，云南工作组与云南省民语委委派颜其香等专家前往沧源县征求对佤文方案的修订意见，并由沧源佤族自治县人大常委会上报至省，再由省上报中央批准为正式文字推行。1964年9月，云南省沧源佤族自治县人委会修订——《佤文方案》（草案)，此佤文方案也是目前一直所沿用的佤文方案。

**佤文在佤族人民生活中的应用** 1957年至1965年是佤文推行的初期，随着佤文试验推行工作的开始，世世代代都是文盲的佤族人从此打破了刻木记事、数豆粒记账的蒙昧时代，以崭新的面貌迎来了村村寨寨学文化的高潮。在地方各级党政领导和云南省语委的支持下，1958—1960年，先后在沧源、西盟、耿马、澜沧等地开办了十多期佤文训练班，为各乡镇基层培养出民师、会计约1 000多人。主要是培训当时急需的民族语文干部、教师及会计等人才，为刚解放不久的佤族聚居区输送了一批又一批教师、干部、农村会计等，有力地配合了当时各项工作的开展。从1980年佤文推行工作恢复开始，到1997年为止，沧源县已实现了4个无盲乡（镇）和35个无盲行政村（办事处)，全县青壮年文盲率降至11.3%。澜沧县全县文盲率降至18.8%，2000年实现无盲县的目标。

《佤族常用语佤汉对照手册》书影

佤语文在成人扫盲中应用得比较广泛，具有投资少、时间短、脱盲率高的优势，在服务当地中心工作，发挥自身优势，积极推进民族语文工作方面，佤文在成人扫盲中的应用是很典型的。比如沧源和澜沧这两个县的文盲率下降幅度如此之大，佤文功不可没，尤其是在当地政府制定的在2000年前实现两基目标的任务中，充分发挥民族文字优势，积极投身到这项功在当代、利于千秋的伟大事业中去，既体现了民族文字的价值和作用，又为当地政府的中心工作做出了应有贡献。佤文扫盲积极配合当地中心工作，把佤文扫盲与当地农村科技推广、实用技术学习、民族传统文化抢救整理及党和国家方针、政策、法律法规的宣传等工作结合起来，并辅于相应的教材、读物，广播影视，法律法规书籍，使掌握了文字的群众有书读、有报看，学得一技之长，逐渐实现脱贫致富的目标，佤文对民族素质的提高及经济社会的发展起到了不可替代的作用。

## 佤文教育

**佤文基础教育**　学校教学是佤语文推行使用的一个主要组成部分。基础教育中的佤汉双语文教学主要在小学阶段开展，其开办形式各不相同。

佤文小学课本

形式之一是加授佤语文课的方式，即在小学五六年级开设佤语文课，每周安排两个课时，学习两年。如沧源县城区民族小学及南腊民族小学就采用这种方式。

形式之二是在小学一二年级进行佤文教学，二年级下学期加授汉语拼音课，三年级开始全用汉语文教学。采用这种形式的是沧源县勐董永和五队小学。

形式之三是从小学一年级（或学前班）开设佤文课，同时学习佤汉两种文字，直到小学毕业。实行这种形式的是沧源县岩帅镇贺南小学。

全省佤族地区开设佤文课或用佤文进行教学的小学最多时曾达到25所共37个班1 418名学生，任课教师6人。

沧源县贺南小学自1982年开展双语文教学以来，在省民语委及地县有关部门的关心支持下，十几年如一日坚持实行佤汉双语文教学，逐步形成了较为成熟的教学模式，取得了许多有借鉴价值的经验。

**佤文高等教育**　1952年和1959年，中央民族学院民语系招收了两届佤语专业的本科生，第一届学员10名，第二届8名，后来这些学员多数成为我国民族语文战线的专家，尤其是第一届学员，参加了20世纪50年代佤语的大规模调查及佤文的设计、修订、推行，在后来的佤语研究、教学中做了大量卓有成效的工作，并取得了突出成绩。

1979年，云南民族学院（现云南民族大学）开始着手培养民族语文干部。1981年，中国少数民族语言文学系开设了中国少数民族语言文学本科专业。1983年，该系开设了佤族语言文学专科专业。1985年起，开设了中国少数民族佤族语言文学本科专业。该专业拥有一支教学经验丰富、科研实力较强的师资队伍，专业开设初期有专业教师5名，即陈相木、王敬骝、余静尔、赵福和、肖玉芬，之后，该专业毕业的赵岩社、李国忠、赵秀兰先后留校任教。教师队伍中有汉族教师3人，佤族教师5人。其中教授3人，副教授1人，讲师4人。硕士生导师3人。陈相木、王敬骝两位专家献身于民族语言教学研究于一生，贡献突出，享受国务院特殊津贴。赵岩社为校级学术带头人。23年来，该专业教师广泛开展科学研究，出版专业学术著作10余部，发表论文100余篇。

中国少数民族佤族语言文学专业向社会输送了138名干部和专业技术人才，成了边疆民族地区各项事业的骨干，在边疆民族地区起到了重要的，甚至是不可替代的作用，该专业的毕业生在边疆民族地区除能从事汉语言文学专业毕业生能做的工作外，还能利用其双语能力在公检法、新闻、广播电视、编辑出版、翻译、双语教学等工作中发挥特殊作用。他们中的绝大部分人为边疆稳定、民族团结，以及促进民族地区经济社会的发展做出了重大贡献。

# 第七章
# 信仰世界与传统制度

原始宗教、南传佛教、基督教、道教是佤族的主要宗教，贯穿于佤族社会生产、生活，尤其是精神生活的方方面面。除此，佤族还有村社制度、村寨头人大会、村寨民众大会等传统制度延存至今，并在日常生活中发挥重要的作用。

宗教是佤族社会生活（包括精神生活）中最普遍的现象，贯穿于社会生产生活的方方面面。佤族的主要宗教有四种：原始宗教、南传佛教、基督教、道教。其中最主要的是原始宗教，信奉万物有灵。南传佛教、基督教属于外来宗教，仅在沧源、西盟等地的部分佤族中有少量信徒，在佤族的宗教信仰中不占主导地位。道教仅在腾冲、德宏、临沧的“本人”中略有迹象，至今尚无固定的教堂、教徒和专门的神职人员，因此也不占主流。

# 自然宗教

自然宗教，又称原始宗教，是佤族原有的信仰，也是他们最具特点的信仰。它普遍存在于各地佤族，就连信仰佛教、基督教和道教的佤族，也还或多或少地保持和存有这种信仰的成分和内容。

铜鼓祭祀

## 万物有灵的自然崇拜

信仰万物有灵在佤族社会中是一种普遍现象。在他们的观念中，人类、山川、河流、动物、植物和凡为他们所不能理解的一切自然现象，如雷电风雨等，都有灵魂，或称鬼神。这种万物有灵的宗教观念来源于灵魂不死。佤族部落都认为世间的日月星辰、风雨雷电、山川河流、花草树木、飞禽走兽等都有自己的神灵，神界掌管着世间的一切，水火、洪水、雷电、风雨等一切自然现象都是神所为；神生活在另一个世界，有至高无上的能力，掌管着人间的祸福等，人们对它不能违抗，只能敬畏、祭献，祈求神灵的保佑，让人类与神和谐共处。他们的自然崇拜有土地崇拜、日月星辰崇拜、风雨雷云崇拜、河川崇拜、高山崇拜、石头崇拜、水崇拜、火崇拜、树木崇拜等。

## 相关宗教活动

佤族的自然宗教信仰由来已久，并且影响深远，因而他们的宗教活动也很多，根据西盟和澜沧佤族的情况来看，每年全寨性的较大的宗教活动有做水鬼、拉木鼓、砍牛尾巴等；遇有天灾人祸，全寨也要做鬼消灾，家庭与个人的宗教活动就更多了，无论做什么事情都要杀鸡看卦，以卜吉凶和求鬼神保佑，有了疾病也祭鬼求愈。

**接新火**　每年全寨性较大的宗教活动始于接新火。这一活动，从调查材料看，很多村寨已不再进行，只在部分村寨遗存。以澜沧大芒岭佤族为例，佤历一月（相当于阳历1—2月），根据月亮的运转情况选定吉日举行。村寨头人通知寨中各户，把火塘的火熄灭，打扫干净。头人和魔巴（宗教活动的主持人）等到寨外鬼林祭祀木依吉的地方（有的还盖一个小草棚）祭鬼，主要是祭祀火神。然后用传统的方法摩擦取火。

具体做法：用一根粗壮的竹竿砍一裂口，在裂口处放些易燃之物（如易燃的草等），用较硬的盐酸树砍成刀状，在竹子裂口处用力摩擦生火。当火生出后，加柴引大，各家从此取火种，引燃各家的火塘。这就是接新火，或者称换新火。

**知识链接**　鬼林或称神林，几乎每个村寨都有一片，木依吉，佤族人认为是人类的最高主宰。

**做水鬼**　接新火之后，便是做水鬼或称接新水。举行的时间，亦在佤历一月（相当于阳历1—2月），意义是祭祀水神，祈求风调雨顺和饮水方便。水神是佤族地区主要的祭祀对象，每年春节前——“接新水”节前一天，都要杀2只鸡祭水神，祈求水井一年四季长流，水井上方插1根竹尖，用线穿1只蛋壳、1穗小红米，悬挂其上，水井周围树木严禁砍伐。迄今为止，“接新水”、祭水神仍是佤族地区普遍的活动。

**砍牛尾巴**　砍牛尾巴是献祭木鼓的祭祀活动。每年11月至来年2月份，部落或者寨子都要举行献祭木鼓的活动仪式。

**做老母猪鬼**　这是西盟佤族祭祀尔爷（家神）和其他鬼神的家族祭祀活动。做老母猪鬼不必报头人批准，由家族内男性成员

**知识链接** **“砍牛尾巴”** 先由巴猜手端一杯水酒，念咒语与牛沟通，将所有的祈求通过牛向神灵表达，然后一起和“砍牛尾巴”的主人牵牛绕房三圈，把牛拴到牛尾巴桩上，一刀把牛尾巴砍断，随即将它扔过主人的房脊，于是围观的人一拥而上，挥刀割肉。很短的时间内，一头活牛就只剩牛头和骨架。抢到肉者，得到赞扬；抢不到肉者，遭到人们耻笑。每次“砍牛尾巴”的活动，往往都会误伤很多人。1958年以后，部落或者寨子不再举行砍牛尾巴献祭木鼓的活动。

商议后请一名巴猜主持，其他男性家族成员和一名女性配合举行，也是家族长者吟诵《司岗里》神话，向家族后代传授家族历史的重要活动。此次活动不必请其他姓氏的人，除巴猜外，参加的人都是本姓家族的男女老少。现今做老母猪鬼仍然很普遍。

## 天神木依吉

天神木依吉是佤族原始宗教信仰中非常重要的神。佤族认为，各种灵魂或鬼神，也有大小之分，但大小之间没有管辖关系，神鬼各司其职，大的鬼神管较大的事，小的鬼神管较小的事。其中他们最崇拜的神是木依吉。他们认为木依吉是创造万物的神，是人类的最高主宰，他的神力广大无边，若慢待了他，忽略了他，人类将受到他严厉的惩罚。反之，只要人类用最虔诚的态度，奉献最好的牺牲，供奉他、祭祀他、祈求他，人类的一切

天神木依吉神谷

安危将得到他的护佑和保障。天神木依吉将自己的信息通过自然现象或无法预知的灾变等形式告知人类，而人类则通过付出大量的牺牲，经过木鼓的敲击声这一独特的沟通方式，侍奉他、顺服他，以求得他的好感和善待。天神木依吉无所不在，他有五个儿子，分别是掌管地震的地震神“格拉柔姆”；掌管打雷的雷神，亦称火神“达阿撒”；辟地的地神“路安”；最后一位“克里托”本是佤族古时的领导者，也被神化了。天神木依吉在佤族群众的生活中占有非常重要的地位，很多祭祀活动都与其有关。

## 生命中的祈祷词

祈祷词在佤族人民的生活中占有重要的地位。佤族的祈祷词有“招魂”“送鬼”“祷告”等形式。祈祷词内容广泛，涉及佤族生活的许多方面。大到部落结盟、对外战争，小到婚丧嫁娶、生老病死，都要由宗教职业者现场念颂祈祷词。祈祷词既保留了过去的生活画面，又反映了他们现实的思想。它不仅是研究佤族的史料之一，而且对于研究佤族的现实仍有重要价值。

啊……
神树哇神树
你挺拔魁梧高大粗壮
你给我们带来幸福
你神力无比
你能招来银钱财宝
惊雷对你无能为力
我们捧来钱币
虔诚地祭拜你
恭敬地供奉你
有了你
我们要吃有吃
要穿有穿
……

念祈祷词的岩拉石老人

# 佛教

佛教是世界三大宗教之一，距今约3 000年，由古印度的迦毗罗卫国（今尼泊尔境内）王子所创。佤族所信仰的佛教，有自内地传入的大乘佛教和自傣族传入的小乘佛教。无论是大乘佛教还是小乘佛教，传入时间都不久，且只有部分地区的佤族人信仰。信仰佛教最早的是镇康县永德的佤族，据说至今已有500年的历史。

佛教有两个流派，一是汉语系佛教，二是巴利语系佛教。佤族地区的佛教属巴利语系佛教，于明永乐五年，即公元1407年（傣历769），由勐卯（现在的德宏瑞丽）传入到沧源，后扩展到耿马、双江、澜沧、永德、镇康等佤族地区。至今还有教堂、教徒和专门的神职人员。

公元1407年，勐卯有两位傣族兄弟，大哥叫罕木水，学名罕万全，兄弟叫罕木谢，学名罕万西。他俩从勐卯带着一位名叫召长哥的佛爷到沧源勐董，通过勐董土司的同意，在勐董嘎里寨建盖了沧源第一座佛教缅寺，缅寺的住持由佛爷召长哥担任。嘎里缅寺的建盖也标志着南传上座部佛教在沧源阿佤山地区的诞生。不久又从缅甸腊戍请到一位名叫召宗列的佛爷到嘎里缅寺与召长哥共同宣传发展南传上座部佛教，到1502年召长哥圆寂，继续由

佤邦寺庙

召宗列在嘎里缅寺担任住持。由于他学识高、作风正、会武功，得到了远近官家及百姓的拥戴和朝拜。到了勐董第三代土司罕金重时期，罕金重很重视利用南传上座部佛教为自己鸣锣开道，笼络人心，在沧源很快成了南传上座部佛教的主宰者。在此期间，他从大理、景谷请来工匠重建了嘎里缅寺，增盖了勐干缅寺，两所缅寺建盖成土木结构瓦顶，并在缅寺内雕塑释迦牟尼佛像。清乾隆年间，即公元1736年又建盖往俄寨的广允缅寺。

佤邦寺庙

佤邦寺庙

到20世纪50年代，我国佤族信仰小乘佛教的地区，也就是该教在佤族的传播区，有沧源县班洪、班老、勐角、勐省等地的佤族或部分佤族和受双江、耿马、孟连傣族影响较深的部分村寨，以及永德、镇康县的佤族。

传统佤族社会很大一部分民众长期信奉南传上座部佛教，镇康佤族聚居区表现得比较典型。他们使用的经书以傣文流传，佛寺和僧侣制度及基本宗教观念等都与傣族有很多相似之处，南伞大坝佤族就直接与南伞傣族用一个佛寺烧香拜佛，与当地傣族奉行的教规教义完全一致。南伞佤族人的一生都与佛教有着密切的关系，节日和聚会是宣讲佛教思想和教义的主要途径，包括“做贡”“泼水节”“开门节（佤历二月即阳历9—10月）”“关门节（佤历九月即阳历6—7月）”等南传佛教的重要节日。在关门节期间，有一项重要的活动是连续性地听经、诵经，把南传佛教的教义、教规、伦理等翻译成佤语，甚至采用故事、传说、戏剧等大众喜闻乐见的形式加以宣讲，广大信徒易于接受，使世俗道德由此在人们心中变得更加神圣，有效地促进了信徒对延续至今的传统道德、社会规范的接纳认可与维护遵守。佤族佛教的僧职人员有长老、大佛爷、二佛爷、和尚四类。

知识链接 **“长老”** 德长年老的称谓，是汉语系佛教寺院的住持。由佛学造诣高深、德高望重的人担任。德指的是德行，而长老之德，是行中有解，解中有行，行解相得益彰，并已证得阿罗汉果，方能称之为长老之德行。

“大佛爷”是巴利语系佛教寺院的住持僧。他们是举行宗教晋升仪式、信众做赕佛活动仪式、祭祀法场仪式的主持者。依其掌握的佛教理论、佛经程度逐级晋升。

“二佛爷”是巴利语系佛教寺院的管理者之一。他们的日常工作主要是带领小和尚念经、做杂活，如果大佛爷不在，便可以主持各种宗教仪式。依其掌握的佛教理论、佛经程度逐级晋升。

“和尚（汉系）”是汉系佛教对出家人的一种称谓。梵文的意思是“师”，是对出家人的尊称。和尚不是任何人都能称的，要有一定资格堪为人师的才能称为“和尚”；也不限于男性，女性出家有资格的也可以称为“和尚”。

佤族人既信佛教，也保有原始的宗教信仰，二者并不冲突，

佤邦小和尚

甚至在佤族的生产生活中得到了一定程度的融合，其表现之一就是相关宗教活动的杂糅。另外，与傣族佛寺一样，佤族人也有自己的佛寺，但它们远不如傣族的富丽堂皇，与一般住房差不多，比较简陋，是草木结构的草房，有的两间，有的三间，房中敬有佛像，有的没有佛像。每座佛寺都有若干小和尚。佤族的和尚与傣族一样，绝大多数是十多岁的儿童。他们当和尚，一是表示对佛教的信仰，一是为识字求知识。

佤邦小和尚

# 基督教

基督教传入我国佤族地区迄今已有一百多年的历史。1902年，佤族达翁和尚（沧源班奈人）等人是第一批改信基督教的佤族人，1902年即为佤族基督徒信仰基督教的起始年。永伟里

澜沧拉祜族自治县上允镇淘金河基督教堂

基督教堂

（1901年，W. M. Young多次进入佤族、拉祜族地区活动）是基督教浸信会美国籍传教士，曾三次来华入滇传教，传教区域主要涉及云南省的双江、沧源、西盟、孟连和澜沧等地拉祜族、佤族和哈尼族地区。1920年，永伟里到孟连，谎称奉有督军府公文，逼令孟连宣府刀派永兴建教堂。被拒后永伟里携眷属迁至城外蛮洪村，后移至孟连县龙卜村，发展信徒20余户。永伟里在拉祜族和佤族地区传播基督教的方式主要是在澜沧糯福拉祜寨修建教堂，建立一个传教点。糯福地区原属孟连傣族土司管辖，永氏在此建筑教堂，还要经过孟连土司的同意，并向孟连土司购买糯福一牛之地。成交后永氏不是要一牛所立之地，而是把牛宰杀，将它的皮割成细细的条，连接起来圈了一大片土地，建筑了教堂，即糯福教堂。澜沧糯福教堂建立后，成为浸信会在云南及缅甸北部基督教的活动中心，也是向拉祜、佤山地区派遣传教士和培训拉祜族、佤族教职人员的基地。教会划分为佤山部和拉祜山部，佤山部由永伟里长子永文和（Harold）负责，同时开办医院、学校和少数民族传教人员培训班，利用行医办学、普及民族文字等手段传教；另借助民族上层力量，先后在勐角董、勐勐、勐滨、蛮大、南栅及西盟县设立分会。

信仰基督教的佤族，都是所称的“小卡瓦”，分散于澜沧县文东、安康等区，沧源县岩帅、勐角、勐省、永和等区和双江县

教会活动

的部分佤族。但究竟有多少佤族基督教徒，是很难统计的，一因他们信仰不那么严格，在信仰基督教的同时还信仰原始宗教；二因没有分民族的确切调查，不能明确地统计出信徒的数量。永氏建立传播基督教的据点之后，便通过对拉祜、佤族语言的调查，以拉丁字母创造了拉祜文和佤文，并翻译基督教的经典，同时以各种办法吸收拉祜族、佤族儿童少年，加以教育、培训，使他们成为在拉祜、佤族中传播基督教的骨干，当地称“撒拉”。

基督教的传播由于受到一些阻力，也采取了一些欺骗和不正当的手段。沧源佤族最早信基督教的是永和地区，然后又传播到岩帅等地。根据永和佤族的回忆，在永和地区传播基督教，首先要用重礼买通当地头人，头人与传教士便以“谁不信基督教，耶稣就派天兵打谁”“青年人谁不唱耶稣歌，就不准结婚”这种传教方式来强迫当地人信教。即便是这样，永和区的佤族信徒最多的时候，也只占其总人口的40%，另有60%仍不信基督教而信原始宗教。

## 道教

道教信仰在佤族地区并不多见，只在腾冲县、梁河县等地的佤族存在。信仰的形式是设立庙宇，并定期进行祭献活动。梁河县遮岛镇龙窝寨、腾冲县甘蔗寨等佤族寨子均有“土主”庙，通常庙宇极其简陋，只有低矮的土墼墙、瓦片顶、没有门窗的小屋。里面有一个土做的香炉，供村民烧香。腾冲县的甘蔗寨“大珠寺”内，还有“文昌帝君”“灶君”“财神”等道教诸神的塑像。在每年农历的三月属马日，村民们到庙房祭献“土主”，祭品有红公鸡、猪头。村民中每户派一名男性公民参加，妇女不能参加。鸡、猪肉就地煮了吃，看鸡骨股卦。祭献的目的是祈求得到神灵庇佑，粮食丰收，人畜平安。

# 第八章
# 经济生活

农业作为佤族的主要生产部门，是佤族人民赖以生存的主要生活来源，同时也有一些家庭副业和手工业。佤族的农业活动较为单一，主要以农耕为主，耕地又分为水田和旱地，尤其是旱地农耕，如早期的旱稻、罂粟，现如今苞谷、甘蔗等作物的种植，具有浓郁的民族特色。

农业作为佤族的主要生产部门，是佤族人民赖以生存的主要生活来源。佤族的农业活动比较单一，以农耕这一传统经济活动为主。佤族的耕地可分为水田和旱地。由于佤族居于群山区，且其中一些较大平坝也多为傣族所有，所以水田较少，农业以旱地农耕为主，且更具民族特色。除传统经济活动外，佤族还有一些家庭产业，主要是家庭副业和手工业。佤族的农业水平总体上比较落后，在不同的佤族聚居区情况有所不同。

# 陆稻的守望者

陆稻，也称旱稻，泛指能适应生长于无垠旱地、坡地及干旱生态环境下栽培的稻类。陆稻种子发芽时需氧较多，吸水力较强，而需水量较少，在15℃的温度下发芽较水稻快。其芽鞘较短，中茎较长，第一、二完全叶较大。陆稻的粗根比例较大，根系发达，分布较深，抗旱性强。陆稻叶面积大，叶片生长缓慢，叶的中筋较厚，维管束和导管的面积较大，表皮较厚，气孔数较少，厚壁细胞较小，这些特性都与耐旱性较强有关。绝大部分陆稻品种的叶色淡绿，叶片长而下垂。陆稻具有耐旱、耐瘠、适应性广等特点。

陆稻 ▶

▲

水稻——
秧苗田

陆稻是水稻的变异型，是佤族地区主要粮食作物之一，陆稻的原始栽培可追溯到7 000多年前。佤族主要世居地区自古素以陆稻农业为主，陆稻品种资源丰富，种植历史悠久，有早、中、晚熟品种。据云南省农业科技部门统计，仅西盟佤族自治县境内，直接过渡初期，发现的陆稻品种就有一百种之多。这说明佤族的山地农业经济类型有悠久的历史，而且已经有了一定的发展和规模。总体上，沧源是云南省陆稻品种最多的县，早、中、晚熟品种有65个（野生稻种1个）。1949年播种面积2 173公顷，亩产150千克。1984年陆稻面积达到历史最高规模，高达6 771.6公顷，以后种植面积逐年减少。1990年，陆稻种植面积为15.5万亩，总产量1 179.8万千克。90年代以后西盟县加大农田水利建设的投入，实行旱改水、坡改梯工程，陆稻播种面积随之逐年减少。至2010年年底，西盟佤族自治县陆稻播种面积3.68万亩，总产量509.36万千克。

1951年以前，除了居住在勐梭坝子的傣族有基本农田地，西盟各佤族部落只有翁嘎科部落的英腊、新厂部落的永广、中课部落的中课小寨有少量农田地种植水稻，其余各部落均以耕种旱地为主。佤族地区的传统作物主要是旱稻、玉米、高粱、红薯、芦谷、棉花、豆类、豌豆等，小红米是西盟特有的农业作物品种。畜牧业和狩猎是佤族主要的副业，部分佤族自种棉花，自织土布，其他手工业很少，经济收入低，生活贫困。

在佤族的传统经济活动中，刀耕火种与锄耕平分秋色，耕地不固定，不施肥。由于原始公社制生产关系残存，所以如两家或三家联合耕种的习惯以及原始互助等现象普遍存在。清同治十三年（1874），澜沧拉祜族政治宗教首领朱阿霞进驻西盟后，开始使用锄和犁，刀耕火种逐渐被锄耕所代替。

## 刀耕火种

刀耕火种，佤语叫椤垤算麻，又称“懒火地”，是最原始落后的农业生产方式之一。最原始的时候，在播种季节即将到来时就放火烧山，然后用木锄尖棍等生产工具点播谷种，进行生产，但不砍伐竹木。等生产技术发展到一定程度后，就先砍伐竹木，两三个月后，在地边开带隔离，再放火烧地。烧地后用铁锄犁头等较先进的生产工具进行播种生产。刀耕火种虽是原始落后的生产方式，但它不仅可以增强土壤肥力，而且能杀虫除害，从而确

刀耕火种

保了农业增收。选地时，往往由家族甚至由全寨共同商定，但这些土地又根据各家种植占有情况的不同而分开，每家各占一部分土地。这种集中选地的方法，更利于土地的砍烧和耕作。烧地时，各家要一起协作进行，因为时间不能相差太大。放火烧地后，各家各户便在自己所占的土地上将烧后的余木略加整理，进行点种。点种时，一般由男子持矛或铲在地上打穴，妇女随后在穴中点放籽种。这样自下而上一排排地点种，在上一排打穴点种的同时，对下一排用脚盖土。从禾苗出后到收割的过程中，还要经过中耕和锄草。懒火地种植一年后即抛荒，抛荒时间长达七八年甚至十来年。因为利用了自然的灰肥，产量一般为籽种的10~15倍，以旱稻为例，亩产可达100~150斤。

## 烧山

烧山是佤族原始农业中的一种重要手段。烧山的目的，一是养茅草，一是种地。佤族过去住的房子基本上都是干栏式建筑的茅草房，由于盖房子需要很多茅草，所以佤族群众经常采用烧山的办法取得优质的茅草。佤族群众放火烧山时，一般先要选地。选地的条件，根据丢荒轮歇的年限来决定。丢荒越久土地上长的树木、茅草越多越茂盛，砍倒烧后土地就越肥沃。在选好地的森林周围，先开出一道防火沟，使放火焚烧时不致延及整个森林。佤族群众在每年春节后2~3月间，先把选定地块

◀ 烧山

上的小树、灌木、茅草等砍倒，晒干后再放火烧光，将灰烬作为肥料，让这块地自然长草。待5~6月雨水过后，地上长出的茅草不但好，而且纯。10月、11月时把茅草割下来晒干，晒干的茅草呈黄色。春节前就可以用这些茅草盖新房了。20世纪80年代以后，随着佤族民房的改造，烧山养茅草也在佤族生产生活中逐渐消失。

佤族群众烧山的另一个目的就是种地。过去佤族以种旱地为主，而在轮歇后的土地上开发种地，必然要采取砍倒烧光的手段。种地烧山的方法和养茅草差不多，也要先选地。每年1~2月间，先把选定播种土地上的小树、茅草砍倒，等晒干后再放火烧。佤族群众过去虽然不会使用肥料，但他们能利用这种自然的灰肥进行点种，被烧过的表土土壤疏松而且土质肥沃，能够很好地促进农作物的生长。

## 传统旱地作物

佤族聚居地地处亚热带，气候温和，雨水丰沛，易于各种作物的生长。佤族地区的主要农作物有旱稻、小红米、荞麦、苞谷（玉米），其中小红米是西盟特有的农业作物品种。同时也种一些经济作物，如：茶叶和甘蔗等。佤族的旱稻有许多品种，西盟曾经有130多种旱稻。

知识链接 **旱地** 佤语叫麻，也称“山地”，包括轮歇地、山林土地、耕地等，是对非水田、非池塘等宜耕地的统称。由于佤族主要分布在澜沧江和萨尔温江之间的怒山山脉南段的阿佤山地带，地势山峦起伏，平坝极少，因而，陆稻种植主要分布区为旱地。旱稻耕作方式主要分为三种：

1. 撂荒耕作制。旱地采用轮歇耕种方法，俗称“懒火地”。在旱季将灌木丛砍倒，晒干后放火烧尽，然后进行点播或撒播。当年收成较好，第二、三年逐年下降。然后撂荒几年再砍烧尽复种。

2. 休耕耕作制。旱地轮歇耕种方法。将旱稻谷茬在雨季前犁翻，每隔30—40日犁一次，消除土层中的杂草，第二年复种旱稻。

3. 多种轮作制。旱地轮歇耕种方法。通过不同作物的轮种换茬方式，恢复土层肥力。首年土肥，宜种耐肥品种，如玉米、小麦；次年改种中等肥力品种，如旱稻，第三年种耐瘠品种，如油菜、花生、黄豆等，做到用地养地相结合。

**红米** 小红米又称穇子、鸭足稗、鸡爪谷等，是禾本科穇属的特色物种，也是佤族自酿水酒的主要原料。分布在山区，喜温暖湿润气候，耐涝性强，也耐干旱。它的根系十分发达，可以有效地保持土壤水分，改善土壤结构。佤族种植小红米使用的肥料都是草灰和少量的农家肥，不施化学肥料，不使用农药。一般在4月中旬栽种，到12月份成熟时采收，亩产100～150千克。小红米的用途比较广，佤族群众主要用于酿制水酒，磨成面做窝窝头，还可以将小红米面做成凉粉食用或销售，小红米煮熟后可以作为腌牛皮、腌鱼的最好作料，也是喂养生猪及大牲畜的营养饲料。历史上，西盟佤族有套种小红米的习惯，据说佤族部落刚开始种玉米、旱稻时，因土地肥沃，雨量充沛，杂草长得快，把玉米和旱稻都捂死了，人们便想出套种小红米的办法，由于小红米枝叶茂密，根系发达，能战胜杂草，使粮食获得大丰收，于是佤族把小红米视为宝物，杀猪剽牛，载歌载舞庆祝丰年。20世纪90年代以后，小红米种植得到了很好的发展。1995年西盟佤族自治县小红米种植面积173亩，产量3.55万千克；2000年种植面积4 278亩，产量101.61万千克；到2010年种植面积达5 344亩，产量60.1万千克。

甘蔗

**旱谷** 佤语叫候麻。佤族种水稻的历史不太长，有史以来一直种旱谷，从刀耕火种到精耕细作，都同时在旱地里播种旱谷。主要包括糯谷（候边）、非糯谷（候阿）两大谷类。糯谷又有白糯谷（候边办）、紫糯谷（候边占挠）和黑糯谷（候边弄）等品种，非糯谷又有红米（候掠）和候给蒙板等品种。旱地里的旱谷产量较低，黑糯谷亩产一般只有150千克，产量最高的候给蒙板亩产一般也只有300千克。随着水田水稻特别是杂交稻的推广种植，这些佤族谷种已濒临灭绝，就连

▲ 晒谷

被誉为“十里香”的候边占挠和米质非常好的候给蒙板也极少见了。

## 现代农业技术

中华人民共和国成立后，特别是党的十一届三中全会以来，佤族社会进入快速发展时期，科学技术突飞猛进。农业技术中，良种引进、培育，农药的使用，畜牧良种的养殖发展迅速，新的种植、养殖技术得以推广，积极促进了地方农民的增收和地方农业的发展。

主要应用的现代农业技术有测土配方施肥技术，常规水稻种繁殖，稻谷病虫害防治技术，多层抽屉式多用烘干灶推广，腐殖酸肥技术，化学除草技术，陆稻栽培技术，人工栽培古茶树，人工栽培食用菌技术，水稻旱育稀植技术，水稻平衡施肥技术，外来有害生物调查，万亩紫胶园建设，无公害蔬菜种植示范，无土育秧，现代茶树栽培，玉米病害防治技术，再生稻、双季稻耕作技术等。

# 生产工具

佤族主要的农业生产工具可分为铁质、木制、竹制和石制。铁制工具有长刀、砍刀、斧头、镰刀、小锄、条锄、板锄、铲、钉扒、矛、刮刀、犁。木制工具有木钉扒、耙、犁架、臼、碓。竹制工具有筐、篓簸箕等。石制工具主要为碓。

长刀，长短宽窄不一。以全长76厘米（其中刃部长54厘米），宽2.2厘米，厚1厘米的中型居多。长刀在佤族的生产生活中最为重要，既是生产工具，又是武器。佤族男子外出，几乎都随身携带一把长刀。

砍刀，一般全长48厘米左右，其中刀长26厘米，宽5厘米，厚约1厘米，柄长22厘米，直径约3厘米。用以砍柴、砍树以及做木工活。

斧子，有的与内地平头斧相同，有的则不同。与内地不同的斧头，铁质部分头长约19.5厘米，嵌入木柄的一头宽6厘米，刃部宽8厘米，木柄宽6厘米，长50厘米左右。斧子用以砍较大的树木，既是农业工具也是木工工具。

镰刀，形如弯月，全长约71厘米，刀长53厘米，端部宽2.3厘米，接木柄处宽1.5厘米，木柄长18厘米，直径2.5厘米。镰刀刃部边缘上有锯齿口，用以割谷，易将谷秆割断。

小锄，是佤族原有的一种锄，铁质部分类似条锄，但比较小，木柄部分亦较短，只能蹲在地上刨锄，现在较少使用。

条锄，锄长可达20多厘米，刃部宽约8厘米，接木柄处宽约5厘米，柄长约100厘米，用以挖土、刨地、除草等。

条锄

板锄，长约25厘米，刃部宽约20厘米，接木柄处约15厘米，木柄长约100厘米，用以挖土、刨地、除草等，是云南以及缅甸山区农耕广泛使用的一种工具。

铲，全长约48厘米，其中铲长16厘米，宽约2~3厘米，柄长32厘米，直径3厘米，主要用于除草、松土，也用于挖穴。

钉耙，与汉族使用的大致相同，只是齿较少，有的只有四齿，主要用于扒草和平整土地。

矛，全长约185厘米，其中矛长16厘米，宽2厘米，柄长169厘米，直径3厘米，既是点种时打洞的工具，也是一种武器。

刮刀，是长约30厘米的钢片，宽约2厘米，两端置木柄，使钢片弯曲成弧形，用于禾中刮草。

犁，与汉族使用的同名工具相似。犁头长约37厘米，宽处约26厘米，底厚约6厘米。犁架由木头制成，形状与汉族相同。

知识链接

**风竹铃** 佤族传统农业器具。一节竹筒两端有弹片，弹片两端系一根绳子，绳中端拴一根小木头，做成后，挂在野外地边上，竹铃的下尾系上一块笋叶，风吹笋叶，风竹铃自行摆动，小木头自行敲打小竹筒而作响。风竹铃既是守护庄稼的一种工具，也是佤族利用自然风力的一个发明。

**水竹梆** 佤族传统农业器具。两节竹子中间穿一根小木棍，搭在两棵丫杈上，一头靠在石头或硬物上，另一头接小水槽上流进的天然泉水，水灌满一头而压低，另一头抬高后自然落地作响。是守护庄稼吓唬动物的一种工具。

木钉耙，用坚实的木头制作而成，形状同铁钉耙，只是钉为木制，有四齿，用以扒草和脱粒时扒禾秆等。

舂碓

耙，由木制和竹木编制，形状与汉族大致相同，只是粗糙一些，用以平整水田，以备插秧。

臼和碓都是粮食加工工具。臼用坚实的粗树干的一段制成，长约50厘米，从一端凿深约30厘米，直径约30厘米，四周边厚约5厘米。此为手臼，即用手持杵棒舂，用以将谷舂为米，将米舂为粉。

碓的用途与臼相同，不同之处在于其用脚舂。整个碓由两部分构成，一是一个臼，一是脚踩的长木。臼状如手臼，但较短矮，脚踩的长木约1.5厘米，中间用木架起，一端利用人身的重量用脚踩，另一端下方置长约80厘米，直径约8厘米的圆木杵舂入臼中。用脚踩起，然后猛放，使杵入臼中从而可掏所舂之物。碓较臼的效率高，且利用了人体重量的压力，是比较先进的人力工具。臼、碓多以木头制成，也有个别用石头刻制而成的。

# 采集与狩猎

## 采集

采摘是一种传统生产活动，至今仍是佤族农民的一项主要副业。采摘到的食物除自食自用外，多上市交易，是农民经济收入来源之一。采摘的品种因时因地而各有不同。

**野菜类** 半边菜、犁板菜、蕨菜、火莲菜、野芹菜、野荞菜、野玉米菜、山竹笋、水香菜、百合、鱼腥菜、马蹄根、苦凉菜、刺五加、刺旱菜、野竹笋、香椿、臭菜、青苔、鸡爪菜、棠梨花、白花、野芭蕉心、石花、野薯类（山药、毛薯、食野魔芋）等。

**菌类** 鸡棕、麻粟窝、青头菌、米汤菌、白菌、红菌、奶浆菌、香菌、木耳、白参等。

**野生纤维** 野萱麻、野葛麻等。

**果品类** 锥栗、蔓登、多依、橄榄、杨梅、火把果、干天果、羊奶果、斑鸠屎果、鸡嗉果、野枇杷、野桑果、野芒果、缅石榴、黄泡、野生龙眼等。

木姜子

**野生中药材** 有数百种：天冬、麦

牲畜食用的芭蕉秆

冬、茯苓、木瓜、千张纸、重楼（七叶一枝花）、龙胆草、白部、首乌、钩藤、野三七、黄连、三台花、玉子兰、当归、车前草、叶上花、玉京、莪术、黄草（石斛类）、半边伞、刺黄连、橘皮、山乌龟、白芨、重楼、葛根、萝鞭木、蝉蜕、木棉、木姜子等。采摘品种中，以野竹笋、木耳、多依、橄榄、玉京、莪术、黄草等为大宗，经初加工后销往外地。

佤山野生菌

## 狩猎

狩猎，佤语叫雷垭。佤族是一个游猎民族，狩猎成为其获取肉食的主要手段。除了大象、虎豹、熊蟒等大型动物外，很多飞禽走兽都成为猎物，如麂子、马鹿、野牛、岩羊等。常见的有水獭、刺猬、野兔、竹鼠、野猫、黄猴、懒猴、乌龟、蛇类以及野鸡、斑鸠、鹌鹑、白鹇、孔雀、鹦鹉、鹧鸪、野鸭等。

佤族狩猎分为打猎、追猎、守猎、扣猎、网猎等几种狩猎

佤族男子外出打猎

法，根据不同的猎物，使用不同的狩猎工具和狩猎手段。佤族的狩猎工具多达十余种，包括枪（乃）、弩（按）、绳扣子（归雷）、网（汝）、钩钓（面）、吊扣（乐归）等。

狩猎的战利品

20世纪70年代后由于过度垦殖，森林覆盖面锐减，生态环境遭到严重破坏，加上捕猎手段多样化，野生动物逐渐减少，其中马鹿、野牛、虎、豹、蟒、孔雀、野鸭、水獭等动物濒于绝迹。进入20世纪后期，佤族地区各级政府划定了自然保护区，加大了宣传和执法的力度，禁止乱捕乱杀野生动物，狩猎活动得到有效控制。农村捕猎活动逐渐减少，狩猎也成为可有可无的活动，但狩猎的习俗仍较盛行。

佤族男子打猎一般多在收获完毕至第二年播种前三四个月中出猎。狩猎工具主要是铜炮枪和弩，一般男子在农闲时以步枪、火枪、弩和铁镖等武器出猎。狩猎的方法有合围、埋伏、引诱、陷阱、伏弩、火攻和放毒药等几种，佤族狩猎有时个别出动，有时则相邀三五人至十几人一起出动，猎获物以鸟类、马鹿和猴子为多。在猎物分配上，在打得较大猎物时，猎者将左前腿送给

成群结队的佤邦猎人

“窝郎”，不过并不强制，完全出自对传统的尊敬，窝郎则以泡酒还礼。猎者将肉切成块，平均分与在场的每一个人。猎获者被视为英雄，猎物的头归猎者。猎获者瘵猎物的头供于房内左墙上，以显其本领高强。

佤族的狩猎活动历史悠久，狩猎工具大多十余种，主要的有驽弓、木扣子、吊扣子、绳扣子、网扣子。

**驽弓** 佤语叫按，是佤族最重要的捕猎工具之一。用竹、木、绳制成，选一棵非常笔直的木料，削成笔直的方木，用火熏干后进行精心设计，在驽头凿出一个半月形孔洞，以削弓安装机关，从机关1厘米处到驽头的尽头凿出一条箭槽，在机关边的箭槽中装上一点儿蜂蜡。弓驽斗拢后，用麻绳系于弓端。箭长一般在50厘米，用竹篾叠成箭羽。根据身高和猎物的不同，弓箭制作的大小不一样，高个用大驽，矮个用小驽，打麂子、马鹿用大驽，打松鼠、麻雀用小驽。

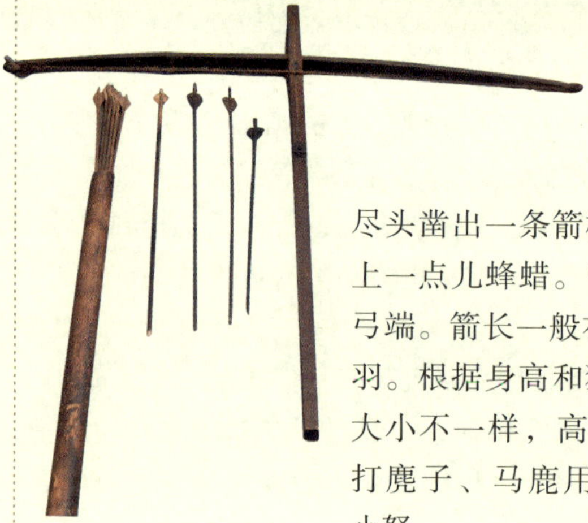

木驽

**木扣子** 佤语叫登恩，是佤族广泛使用的一种捕猎器具。用木料制成，一根大木头长1.5米左右，直径20～30厘米，一边削掉三分之一，使之与地面平行。两边扎下相当密集的木条，长约80厘米，高约50厘米，宽与木头直径相吻合，一边中间留一个空隙，制作机关。机关由一杠杆、一撑木、一倒钩、一筷子（装诱饵）和两根绳子组合而成。将木头吊起来，下装诱饵，动物进去吃诱饵时便动了机关，然后木头落地，压死了动物。主要用于捕猎岩鼠、松鼠等鼠类动物。

**吊扣子** 佤语叫乐累，是佤族常用的一种捕猎工具。制作吊扣可以就地取材，只需带上已准备好的吊绳即可。吊绳长2～3米不等。一端系于长20～30厘米的竹条，打结拉开便成了扣子，如同套马杆。看好动物足迹，选好旁边的一棵适合的小树（当然可以用备好的吊杆），将吊绳的另一端系于树上，扎下倒钩机关，将树拉弯，套挂机关即可。动物过路钻扣子，机关便会自动打开，吊扣弹起，勒死动物。多用于捕猎野兔、果子狸等动物。

**绳扣子** 佤语叫归儿，用马尾毛编制而成，是佤族最常用的捕猎工具之一。主要有两种：一种就是归儿，单个绳扣子，一般用6根马尾毛编制，结成扣子后，再用精制的竹条杆夹捆即可。将竹条杆扎于鸟类频繁活动的草丛树林中，鸟类过路即可套住脖子而被勒死。根据猎物大小而制作大小不一的绳扣子，用于捕猎野鸡、麻鸡、珍珠鸡、鹧鸪、鹌鹑等鸟类，使用最古老最广泛。一种就是归儿垤，用较粗的绳子将五个单扣子编串而成，纲两端夹捆于两条竹竿间。不用时可卷置成精制的竹筒，用时拿出展开，扎于看好的更宽的鸟道中即可。主要用于鹧鸪、野鸡、画眉等动物来做诱饵捕猎其同类。

**网扣子** 佤语叫汝，是佤族常用的一种捕猎工具，用棉线、葛绳、麻绳等编制成网，用于捕鸟捞鱼。网扣子主要有两种：一种是渔网（汝嘎），用制好的葛绳等线编织而成，一般长4米，宽2米，网眼2厘米×2厘米，上串竹竿，下吊铅石，置于河中或水库中赶鱼捕捞；一种是鸟网（汝信），也称捕鸟器弓，用两节竹条分别制成直径为30厘米的半圆形框架，并分别用棉线等制成网，用一块较宽的竹板，约长50厘米，宽20多厘米，两边各凿出一个孔，再用一节被捂弯半圆开的竹条插入两孔，竹板两边安装网架，里面设置机关，用竹虫等作诱饵，用一条比较宽且富于弹性的长约3米的竹竿进行凿洞斗拢，用两根绳子系于竹竿顶端，交叉系于两个网架间，再用一根绳子系于竹竿顶端，下面系扳机，在网架之间还放有一根竹筷，用于夹诱饵并做机关。同时将系有扳机的绳子拉下开网，装诱饵，开机关，诱鸟自投罗网。网扣子主要用于捕捉百灵鸟、画眉等较小鸟类。

▲

梭镖

# 其他经济活动

## 家庭副业与手工产业

家庭副业指的是纺织、打铁、编篾、酿酒、制槟榔等自给自足的半自然经济行业。这些行业的生产工具极其简陋，且处于自

▲

打铁

给自足的生产状况，并没有发展成为以交换为目的的经济行业。手工业指的是制陶业、煅刀、银制饰品工匠、制铜业等手工行业。手工业种类也比较单纯，往往与农业紧密相关并为农业服务，没有发展和形成单独的手工业部门。

农村编织无专业者，多在农闲时进行。男子从事竹篾编织，女子从事棉麻纺织。编织以生产、生活用具为主，部分具有工艺品价值。竹篾编织品中，有背箩、篾笆、挑箩、囤箩、撮箕、鱼笼、篾桌、篾凳、簸箕、筛子、筲箕、提箩、饭盒、烟盒等。编织的凤尾笤帚远销普洱、昆明等地。棉麻织品以生活用品为主，有挎包、筒裙、垫单、花边、刀袋等。佤族挎包式样质地各具特色，工艺精美，既是生活用具又是装饰品，现已成为外来旅游人员喜购的物品。

佤族传统手工织布技术佤语称“更担”，也称手工织锦。主要原料是棉花，包括木棉花，主要材料有棉花线、纱线、染料等。先用棉花制线，然后用苞谷沙煮炼，晒干后方可用来纺织。手工纺织用具有佤族织布机和脱棉花机。棉麻织品以生活用品为主，有挎包、筒裙、垫单、花边、刀带、布毯、背巾、围巾等。

佤族酿酒有小铜锅酒和水酒。小铜锅酒用料主要有自制的酒药、苞谷、小红米、稻谷、高粱、小麦等。烤制工具用铁锅、木甑子和铜锅。烤制时，先将铁锅、木甑子支架放在烈火中，放入已发酵的原料并盖上铜锅，待上气遇上铜锅后冷却出酒。这种酒即是通常所说的“小铜锅酒”，酒质醇香可口。

佤族部分地区有制作红糖的技术。制糖时用两个坚硬的木制带齿滚筒，固定于一铜一木框架上，其中一个滚筒顶端装一木杆，用畜力带动滚筒榨蔗。蔗汁通过竹槽流入池中，过滤后加入适量石灰即可熬制红糖。

佤族妇女织布图

背柴

## 古茶树情怀

佤族栽培茶树历史悠久，对于古茶树资源的利用与保护，不仅能够创造经济效益，而且对于茶树的科学研究具有重要价值。茶树对于佤族人民来说，不仅仅是一种增加收入的经济作物，佤族人民对茶树更有一种纯朴、真挚的情怀。

古茶树

古茶树是指分布于天然林中的野生古茶树及其群落、半驯化的人工栽培的野生茶树和人工栽培的百年以上的古茶园。云南省是迄今所知的世界上古茶园保存面积最大、古茶树保存数量最多的省份。古茶树主要分布在思茅、临沧、西双版纳和保山等地。

沧源共有野生古茶树面积8万亩以上，占临沧古茶树面积53%以上。沧源境内野生古茶树资源丰富，分布范围较广，县境中西部的单甲、糯良、勐董、勐来、勐角、班洪、芒卡等7个乡镇均生长有野生古茶树，大都分布在海拔1 700～2 489米范围内的原始森林和次生林中，其中面积较大的是单甲、糯良、勐来、勐角、勐董五乡（镇）相连的范俄山、芒告大山、窝坎大山、大黑山一带的野生古茶园群落。

据考证，沧源驯化栽培茶树始于明末清初，至今已有300多年的历史，全县都有零星分布，面积达83 443亩，较集中的栽培型古茶树群落面积235亩，主要分布在糯良乡怕拍村，海拔1 970～1 987米，树高8～10米不等，基围直径约38～62厘米，胸围直径约33～58厘米，平均树幅达5.5米。

# 现代工业技术

现代科技的发展使得工业技术不断进步，佤族人民适应时代的发展，使用现代科技充分利用当地资源发展工业，使得佤族聚集区在矿产、农机、制糖、橡胶等方面取得重大科技革新。建成了一批经济效益良好的企业工厂，改善了当地的经济状况，提高了当地人民的经济收入。

主要应用现代工业技术进行生产的企业有永安电站、景冒煤

云垦西盟橡胶公司

矿、碧丽源茶叶有限公司、绿洲茶厂、南亢彩云茶厂、永德县茶厂、富岩茶厂、南雅茶厂、孟连县的咖啡企业、西盟粮油加工厂、制药厂、皮鞋生产厂、橡胶公司、勐滨白糖厂、上允白糖厂、永康白糖厂、松山水泥厂、双江水泥厂和各地的水利水电站等。

沧源岩画的发现是云南民族考古的重大突破。分别于1966年和1982年，在沧源县中北部曼帕、丁来、满坎、和平等寨地，陆续发现了11个岩画点，大都画在一片片垂直的岩壁上，海拔在1 299米上下，离地面约两三米到六七米。绘画涉及人物、动物、村落、狩猎、战争、舞蹈以及祭祀等内容。在关于动物的绘画中，牛占有重要部分，另有象、野猪、马鹿和鱼类。绘画的形式与技巧比较原始，既无比例，亦无阴阳，大致相似而已。所用涂料，多显红色，大概是由含铁、矽、镁、钙等矿物质的原料与红色稀料拌成，画具大概是用手或附以一些小工具。经过岁月流逝和风雨的侵蚀，已有相当部分脱落或模糊不清。沧源岩画是比较原始的绘画，应属原始社会时期人们创作的产物。但它的绝对时代，尚未确定，有人认为产生于公元前2世纪到公元2世纪之间。

# 第九章 异彩纷呈的服饰

每个民族都有本民族的特有服饰，这不仅起到区分其他民族的作用，也反映了本民族的日常生活和别具一格的风俗习惯。佤族的服装多是用妇女自己纺织的棉、麻布通过纺织、浸染等加工制成，色彩多样，且装饰品极多，主要是银制品，也有少量的竹藤制品。

每个民族都有本民族特有的民族服饰。独特的民族服饰不仅会起到区别于其他民族的作用，同时也反映了本民族的日常生活和独特的风俗习惯。佤族的服装多是用妇女自己纺织的棉、麻布制成的。装饰品有银制品，也有竹藤制品。由于社会生产力落后，收入较低，佤族的服饰处于较低水平，但却呈现出异彩纷呈的多样性。

# 服饰概述

▲

黄佤服饰

佤族是一个审美观十分强烈的民族，同时也是一个勤劳智慧的民族。在人类历史发展过程中，佤族人通过与大自然的和谐相处，在劳动生产中，不断有新的发现，传说中很早便开始使用树皮和芭蕉花叶片制作衣裳来遮风避体。随着社会的发展进步，佤族人的服饰也随着社会的发展而不断发展。

佤族妇女服饰 ▶

自古以来，佤族人为了解决自己的穿衣问题，有着普遍种植棉花和自纺、自织、自染布料的传统习惯。妇女纺织制作成的线料，经采用天然原料染成黑、红、绿、黄等多种颜色，再用不同的颜色混纺成条纹花布。佤族服饰使用的布料多为佤族妇女自制的棉、麻制成的，也有从外民族购买的布匹、衣服和棉毯等。线料有棉线、麻线、苎麻线、毛线、葛线。棉线采用植物紫梗、衣果、山李子汁液和麻栗树皮同煮，取水浸染色泽，成色均匀自然。根据男女服装的需要，选择不同的布料缝制成衣裤、裙子、头包、绑腿、挎

腰带

腰饰

包等。佤族服饰承袭传统的浸染工艺并经腰机编织而成。

随着社会的发展，佤族服饰与当地的汉族服饰基本相同。只有部分佤族相对聚居的地区，服饰仍然保持着传统的民族特色，且大多数衣服的原料是自种的棉麻。自纺自织的布料，按其传统的方式加工制作，织出的服饰图案鲜艳，款式丰富。当然，有的地方衣裤颜色较为单调，多为黑色、褐红色、土黄色三种。纺织、靛染等手艺只在少部分佤族聚居区保留着，也有部分佤族群众到商店、集市买现成的衣服和布料。现在则多从市场上购买棉线、毛线和布匹，再自织布料，然后裁缝做成衣服，工序较为简单方便，颜色更为多样。

佤族服饰亦受外来文化的影响，在黑色基调上谋求色彩及款

老年男子服饰

式的多样化，服饰上合理搭配了精美图案，头箍、耳坠、珠串、项圈、手镯、腰带等饰物，可达到色彩对比鲜明、线条流畅、简洁大方的视觉效果。佤族崇拜红色和黑色，服饰多数以黑为质，以红为饰，基本保留着古老的山地民族特色，亦是以黑为美的民族文化心理在服装上的外在表现。

佤族老人——男性

历史上，佤族男子服饰，是圆领对襟上衣，裤子短而肥大，用黑色或红色的布缠头。颜色比较单调，以黑色为本调，其他色有之，老年人习惯戴黑包头。有些地方在正上方留布头处打结成牛角形，又称“英雄结”，颈戴银制项圈或竹篾项圈，左耳戴一只圆耳环，扎布腰带，成年男人出门时腰间挂一把长刀，肩上挎一个自织布包（有的地方还穿竹麻草鞋）。不穿内衣或背心。有的地方，下穿黑色或蓝色长管大筒裤（本地称别禅裤），裤口（裤腰）很大，一般要用布带系紧。现在只有60岁以上的老人还保留这种服饰，中年男子和青少年都改穿汉服。

佤族青年

女子服饰采用不同颜色织成的比较多样的服饰。有的女子以长发为美，戴银或铝制的耳饰和项圈，穿圆领窄袖右衽开襟短衣，胸饰有银泡数排，下穿直筒长裙，有多种花纹。有的女子上衣短小，喜外露肚脐。一般穿无领对襟短上衣、短裙，习惯在腰、臂及腿部系戴许多藤圈，喜戴大耳环、项圈以及各种料珠，身上的饰品有象牙和料珠串缀成的腰带，以披肩黑长发为美，头上扎发带。有的女子下身着筒裙、长裙、半截裙等。一般情况下，腰间系有黑或白色腰带，佩戴银首饰，不分季节服装。衣服上还织有文字，以及代表佤族图腾崇拜的牛头图案，穿在身上更显得身材匀称，美丽端庄。有的妇女衣着与傣、布朗族大致相同，上着面襟矮领，衣脚较短开衩又深的“燕尾形”衣服，外衣为青、蓝、灰、黑等色，内衣为白色，头裹长丈余的青黑布包头。青年妇女喜戴白色头巾与黑布包头相褶而裹的包头，或单独戴白头巾，下着青黑色筒裙，腰间围黑布或红布腰带，劳动时将裙子往上收缩扎于腰间。耳环为银质耳坠或耳筒，赤足或穿布鞋。有的女子上身着蓝色或红、绿（老人则为黑色）圆领大襟衣，下着黑色筒裙，头戴黑色大包头；戴耳环，系彩色腰带，双手戴手镯，青年及少女喜欢佩戴色彩丰富的毛巾，再饰以

佤族少女服饰

佤族妇女服饰

各色毛线。由于生活地域的不同，在穿戴方面也有些差异，这样就形成了丰富多样的佤族服饰。

佤族崇尚黑色，在服饰上便有充分的体现，如黑衣下面穿件白衬衣，黑衣裳配银纽扣，等等；崇尚黑色集中体现在服饰上，不论男女，服饰均以黑色为基调，再以棕色、白色、红色等色调作陪衬，更显服饰端庄、潇洒。佤族传统观念中，黑色不仅是美的象征，同时也代表着庄严、稳重、洒脱及成熟和诚实。当今，佤族服饰各地各有特色，颜色更加丰富，款式更加多样。上衣有长袖、短袖、马夹等，裤子有直筒裤、摆裆裤。筒裙有长裙、短裙，使用布料更加广泛。

佤族老人——女性

装饰品有银、锡制作而成的头箍、手箍项圈、耳环、手镯、手镯。还有用竹、藤制作而成的腰箍、脚箍和成串的红、白、蓝等各色珠子串及银（锡）腰镯和手银（锡）链条，一起搭配穿戴。

# 特色服装

## 圆领短衣

圆领短衣，佤语称“西背迴脑”（sinbeixjaongnao）。意即衣衽正开的襟衣，系佤族服饰最古老的款式之一，流行于沧源县各地老年人中。

选用自制的棉布缝制而成，平板布兼之。在古代此型服不作任何修饰，现代以来进行了较多的修饰，从衣领、衣袖、胸襟、边幅都采用了银制花边条、银泡、彩色丝线等进行装饰。2005年以后，为打造民族服饰品牌，从款式到色调都进行了大量的改造创新，颜色多以紫色、红色为主，款式近似于中山装，并且多以银泡装饰，只有农村还保持正统“圆领短衣”风格。

## 斜襟裳

斜襟裳，又称无领长袖肥宽错臂襟衣，佤语称“西背裆叨”(sinbeixdaogdao)，意即衣衽斜开的襟衣。此型服系佤族最古老的服饰，流行于沧源各地中老年人群，均以黑色和蓝色为基调，选用自制的粗棉布缝制而成，一般不做任何修饰或较少修饰，为佤族男女老少通行的服饰，款式大体相似，区别在于女子的衣衽朝左腋下开襟，男子的衣衽朝右腋下开襟，并且男子的服饰尺寸比例略大于女子、老幼服饰尺寸而已。此型服由于采用纯棉粗布缝制而成，既耐磨实用，又防寒御冷，并且冬暖夏凉，特别实用。

## 大摆裆裤

大摆裆裤，佤语称“克腊裆朵”(klaxndiang dog)，为佤族特有的一种裤装，以自制的黑色棉布为主，野麻皮黑色粗布兼之，由裤头（裤腰）、裤裆、裤腿三部分组成，通常裤头用20厘米宽、1.5~2米长的白色棉布缝制成，具有多种功能，既做裤腰，又当腰带，穿着时把裤头在前腰肚脐部位拧绕挤紧即成腰带，而不用另系腰带。想要方便时，将裤腿往上提起撩开即可解决问题，十分简便快捷。由于大摆裆裤是用纯棉粗布缝制而成的，所以相当结实耐用，冬天暖和，夏天凉爽，柔软舒适，又由于结构为开放型，肥大宽松，下田地劳作、涉水过河、迈步踢腿等运动均无阻力。

**知识链接** 谓之大摆裆裤，是由于裤头即裤腰、裤裆、裤腿的尺寸比例相当，裤头大、裤裆肥、裤腿宽，裤裆下坠平行于裤腿，故而得名“大摆裆裤”。

## 筒裙

筒裙，佤语称“代究卜”(ndainqub)。佤族女子的筒裙主要有两种款式，即彩色条纹筒裙和黑色筒裙。彩色条纹筒裙主要由紫色、棕色、红色、褐色、黄色等色共同组成，生产加工工艺比较复杂，首先把棉花捻成线，分别染成红、紫、褐、棕、黄等色，并根据图案需要进行排序，纺织成布匹，之后进行裁剪缝制成筒裙，为增强筒裙的美丽动感，在筒裙的边幅镶嵌银制花边、银铃、银泡及石苇粒等装饰物。纯黑色筒裙工艺比较简单，一般用平板布或直贡呢及尼龙布制成，不作修饰，或很少做修饰，根据人体腰围尺寸大小，将黑布裁剪，缝制成筒裙。

### 裹腿布

裹腿布，佤语称“洛迴”（log jaong）。佤族生产生活在亚热带季风雨林区，树林茂密，杂草丛生，蚂蟥、蚊虫、蛇类等经常叮咬人，为保护自己不被侵害，佤族人就用护腿布保护小腿。裹腿布用黑色棉布制成，女子的裹腿布一般为30厘米长的正方形黑布，制作工艺简单，裁剪一截20～30厘米长的黑色棉布，收边缝制成裹腿布，将裹腿布盘绕于小腿脚踝上部至膝部，再用篾箍扎紧固定。男子的裹腿布为黑色条状带棉布，近似于军队用的护腿布，取一截宽15厘米、长1.5米的黑色棉布收边缝制成条状带，下田劳作、上山野外狩猎时，将裹腿布自小腿脚踝上部螺旋式地往上盘绕，末端由一根专系裹腿布的穗线套住固定，收工时解开。

裹腿布

## 特色装饰

### 包头

包头，佤语称“洛改仪”（log gaing）。从古至今，佤族男女都喜欢头戴“洛改仪”，并且均以自制的黑色和红色棉布为基调，款式主要有盘绕式活动包头和圆盘固定式犀牛角包头两种。

盘绕式活动包头，裁一截长2米、宽30厘米的黑色棉布，缝制成条状带，两端各扎15厘米长的彩色穗线及穗线球，盘绕于头上时，穗线及银铃下坠于左右耳根上。若系女子的包头，还要加扎银铃和银泡等饰物以增强包头的动感性，通常女子包头的彩色穗线要比男子包头的穗线略长一些（约30厘米长），顶端扎针绣球及银铃、银泡，盘绕于头上时穗线下坠于两臂后肩上以代发髻，穗线随戴者的身形飘舞，银铃发出叮铃的响声，恰似乡间铃声马帮来，悠扬悦耳。

固定式犀牛角包头，根据人头尺寸大小，削一截圆形金竹制成圆盘，将一只20厘米长的黄牛角固定于上，再用红色或者黄色或者黑色棉布裹扎，外沿用银制花边条镶嵌于上，包头戴于头上时，牛角朝右前额耸立，仿若崇山峻岭中傲视群雄的山羊，威武雄壮。若系女子的包头则不嵌制牛角，圆盘周沿用黑色棉布绕环裹扎，并用女子的彩色发带捆绑固定，圆环周沿镶嵌银制花边和彩色花边条、银铃、银泡及穗线球，包头后部扎一节30厘米长的黑色丝线，戴在头上时丝线下坠于后臂两肩上以代发髻，犹如披肩散发的仙女，绰约多姿。

黄包头

男子黑包头

由于佤族崇拜红色和黑色，服饰多数以黑为质，以红为饰，基本保留着古老的山地民族的特色。包头的颜色是区别男子身份地位的标志之一。根据传统习俗，村寨有威望的老人和公认的英雄，以及民间歌手，往往包红包头。过去包红色包头者还包括部落酋长和首领，其余多缠黑、白包头。包头是佤族男子普遍喜爱缠裹的，缠得越高越美，越壮观。

红包头

**知识链接** 佤族男子头缠红色包头的习俗，据说与对火的崇拜有关。佤族人认为火是力量的源泉，过去每年要以村落为单位，举行取新火祭典。仪式由村寨头人或有威望的长者主持，他们以原始的摩擦方式取火。佤族人认为火是神圣的，因而火的颜色也是崇高的，于是村寨有身份地位的人就把像火一样的红颜色视为神圣之物缠于头上，以象征自己崇高的社会地位并显示自己神圣的权力。

## 彩虹头饰

彩虹头饰，又称彩虹头箍，系佤族女子着装的一种头饰，由金竹、花色棉布、彩色穗线、绒绣球、黑色穗线及银铃、银泡等加工而成。根据头的大小，取一截圆形金竹将其弯成圆盘底座，取一截彩色花布螺旋式地盘绕于上捆绑固定，周沿镶嵌银制花边条，边幅每隔两三厘米扎一只彩色绣球，后部扎一撮30厘米长的黑色丝线，丝线的顶端扎若干只银铃，妇女戴在头上时，穗线下坠于两臂后肩上以代发髻，发髻随身形左右摆动，银铃叮铃作响，仿若乡间小路上的马帮驮队，娇艳动人。

银头箍

## 筒帕

筒帕，就是挎包。用麻、棉、毛织棉五彩线精心编制多种图案制作，用灯芯绒料和化纤织物缝制。筒帕色彩鲜艳，图案精美。有方格的、菱形的、三角相错的、波浪滚边的，包底两角坠有缨穗，各式各样，美观大方，具有浓郁的民族风格。佤族男女都喜欢挎色泽鲜艳的花筒帕。筒帕是佤族人民生活中不可缺少的物品。劳动时挎着它下地，休息时挎着它赶集买东西。它既是一种美丽的装饰品，也是友谊和爱情的信物。姑娘爱上了小伙子，要把自己亲手编制的最好的筒帕相赠。朋友之间也常互赠筒帕，表示友谊之树常青。

筒帕

## 银饰

银饰在佤族社会生产生活中很普遍，喜欢用银饰装点自己的身形，尤以妇女为最普遍，包括耳环、耳坠、头箍、脖箍、项链、手镯、戒指、烟锅嘴、烟塞针、脚环、银泡、银铃、银扣、刀鞘套、剑柄、银碗、银针等，男子还喜欢用白银镶牙齿等。从古至今佤族都很崇尚银饰，并把白银视为富有的象征和标志，因此，每一个家庭都藏有一定数量的白银。

佤族妇女的银饰展示

知识链接 古代佤族每一个村寨都有若干名打制银器的工匠，佤语称他们为“匠勒”“匠烙”（jaonghleig、jaonghlo），他们专以打制铁器、银饰、金饰为主业，通常他们只承接客户的材料进行加工制造，相应地收取制作加工费，少量自主生产加工并投放市场。佤族的冶炼打造工匠从不脱离农业生产劳动，金银、铁制加工只是他们的一项副业劳动。

**耳环** 佤语称“金”（grim）。戴在耳垂上的装饰品，多用银、铜等金属制成，是耿马佤族妇女喜爱的装饰物品之一。耿马县内佤族银制耳环历史悠久，多属于祖传工艺品。旧时在佤族地区较大的村寨有专门加工银制耳环的家庭作坊一两户，专门有银匠。佤族妇女对银制耳环最为偏爱，每个妇女几乎都有不同款式的耳环，年纪偏大的，即年龄在五六十岁以上的老年妇女，一般都戴有大耳环，可体现出一种华贵之美。佤族银匠制作的银耳环造型独特，纹饰精美。

耳饰

**手镯** 佤语称“钚镭”（nblei）。手镯装饰品是佤族最为喜爱的物品之一，耿马佤族加工和制作手镯的历史悠久。制作的手镯大致分为两类：一类是银质品，另一类是铜质品。每一类有三种款式，即圆、扁、麻花等形状。无论是银制手镯还是铜制手镯，其制作工艺、造型、花纹等都极其相似。佤族男女对银、铜手镯极为偏爱，每个妇女都有几样，每逢过年过节等重大活动，人人都会亮出各自的手镯，竞相比美。

**手镏** 佤族饰物中，也常在手臂、手腕上戴大小银制手镏，手镏面上刻有小朵花、方块花纹。

项饰

**项圈** 佤语称“贡”（goung）。戴在颈项上的装饰品，多用银、铜等金属制成，是耿马佤族男女喜爱的装饰品之一。在佤族地区较大的村落有专门加工银制项圈的家庭作坊，并有专门的银匠。佤族男女对银制项圈最为喜爱，只要家庭经济宽裕的人家，都会给自己的家人打上或大或小的项圈，以显示他们的地位和家庭的富有，银制项圈越大越粗，地位越高，家庭越富有。

**草篾圈** 佤语称“西贡”（simgum）。戴在小腿、手臂上的装饰品。草篾圈是用一种特殊的草科植物制成的，是耿马佤族妇女喜爱的装饰物之一。佤族草篾圈历史悠久，都是祖传手工艺。在耿马佤族妇女中，尤其是四排山、耿马镇、贺派乡、孟定等地妇女，无论家庭贵贱，一家老小的手臂、小腿等处都要戴上草篾圈。它主要用于固定裹腿，作为美观装饰物，同时在手臂、小腿以下部位受伤时当作止血带使用。

**藤圈** 佤族妇女离不开的佩饰。佤族未成年的少女，从出生时起，每增一岁，即在腰间或小腿处加一藤圈。过去许多人认为，从佤族妇女们所戴的藤圈个数，就可以判断出她们的实际年龄，故民间流传有“欲知年龄数脚圈”之说。

**贝饰** 佤族称“布鲁”（nbrux）。镶嵌在腰带、挎包上的装饰品，是佤族喜爱的装饰物之一。在古代，佤族地区在没有发明钱币时，把贝当作钱币来交换物品，他们把贝用线条穿成一串串拴在腰部，既方便携带和使用，又可以扎紧宽松的衣服，以显示出自我的勤劳和富有，又有“腰缠万贯”之意。钱币在佤族地区流行后，在腰带末端三分之一部分镶嵌贝饰司空见惯，并当作一种

佤族妇女正在制作饰品

美观的装饰物。在耿马佤族地区，尤其是四排山、耿马镇、贺派乡、勐简、孟定的福荣等地流行盛广，无论家庭贫寒或富有，男女腰带上都要镶有贝饰。

**响铃** 佤语称“货”（hom）。镶嵌在妇女腰带末端上的装饰品，多用银、贝类等制成，是佤族妇女喜爱的装饰物之一。佤族妇女在腰带末端镶嵌银铃、贝类、掏烟锅银签等，走起路来使其左右摆动，响声动听，体现了佤族妇女对美的喜爱和追求。

**发箍** 佤族妇女多留长发，饰以银质发箍，有些地区用藤篾或麻线制作编织发箍。发箍是佤族妇女最具特色的头饰，在中华民族各民族中只有佤族使用，是识别佤族的最简明的标志。它呈半月形，中间宽，两头窄，长约30厘米，中部宽约10厘米，多用铝、银制成，也有竹藤制的。

**绒绣球** 佤语称“代伙姆”（daihom），为妇女的装饰物。绒绣球是彩色毛线和彩色棉绒制成的绣球，在妇女生活中用途广泛，最受欢迎，主要用于女子的头箍、包头、筒帕及衣裙的边幅，佤族妇女的头箍周沿每隔一定距离就扎有一只绒绣球，筒帕正背及底部都扎满了绒绣球，裙角边幅每隔不远距离扎有小绒绣球，以增强妇女服饰的审美观感。

# 传统修饰

染齿是佤族传统修饰，佤语称“杰蒲”（npum）。染齿是耿马佤族古老的传统习俗之一，主要流行于四排山、耿马、贺派、勐简、孟定等乡镇的佤族男女中老年人中。20世纪六七十年代仍十分盛行，后来渐渐消失。

佤族青年男女结婚生子后，到了中老年时，通常会采野生常年牵藤草本植物（称“狗屁藤”）用于染齿。在路上，佤族中老年男女边赶路边在路边采摘新鲜的蒲，在劳作或者休闲时，将野生“狗屁藤”用手揉搓后放到口中咀嚼，直至满口生津嚼出汁液。嚼时间长了就会将一口白牙染成又黑又亮的黑齿。染齿既可以防蛀牙，保持牙齿和口腔健康，又是男女已经走向中老年阶段的一种象征，体现了佤族对自己身体的一种呵护，并具有独特的民族审美观。

染齿 ▶

槟榔染齿 ▶

槟榔染牙亦为佤族传统修饰。槟榔用麻栗树叶、石灰、少量烟叶混合熬制而成。熬制而成的槟榔成坨储存后也是佤族送礼的礼品之一。嚼槟榔，佤语称“哎布篷”。嚼槟榔是佤族的传统习俗，在茶余饭后或劳闲之余，嘴里常嚼着槟榔。有的成年男女还专有槟榔盒、槟榔袋。男女青年谈情说爱、亲戚朋友相见时都习惯于互相赠送槟榔。槟榔嚼后吐出的槟榔汁为深红色，年轻妇女在嚼槟榔时习惯用鲜红的汁水润湿双唇，衬托黝黑的肤色，显得十分美艳。多年嚼者，其齿会染成黑色。

**知识链接** 染齿有护齿健牙、消除疲劳的作用，人到老年牙齿不会轻易脱落。染牙齿既有健齿作用，也是为了美。佤族妇女尤以黑齿红唇为美。染牙材料味苦、涩、麻，只能嚼后吐水、吐渣，不能吞食、嚼食。

# 第十章
# 文学艺术与民间技艺

神秘诡谲的《司岗里》传说，曲调婉转的葫芦笙，节奏铿锵的“通天”木鼓，热情奔放的甩发舞，独具一格的刀舞，耳熟能详的《阿佤人民唱新歌》，爱情故事片《阿佤山》……这些艺术都源于佤族人民的生活，但又都高于生活。

# 传说故事

## 神话故事

佤族民间神话故事类型丰富，主要有《茶树仙子传说》《嫦娥胭脂盒坠入人间》《矮人国的故事》《达巴召的传说》《达惹罕》《沧源崖画的传说》《大力士岩双领》《地震的由来》《格里糯传授文字》《格罗施魔法》《母猪射日》《木鼓的传说》《鸟蛋姑娘》《鸟泪泉》《神树的儿子》《食盐的来历》《守粮仓的孤儿》《水酒的来历》《司岗里》《佤山银矿的故事》《佤族从前为什么没有文字》《佤族村寨与榕树情缘》《佤族泼水节的传说》《为何先打闪后打雷》等。

《洪水的故事》流传于普洱市孟连县腊乡，神话讲述了洪灾后人类重生的经历。

古时发生了一场特大洪水，其他人和动物都被淹死了，只有一对兄妹骑在一根木头上漂泊幸存，洪水退去，一片荒凉，渺无人烟。一天，天上降下一群小个子人，这群人将其兄捏死，与其妹结合生了娃娃，子子孙孙繁衍下去，大地重新热闹起来。

《茶树仙子传说》流传于临沧市镇康县佤族地区。

在没有人类以前，天界有一棵非常漂亮的茶树仙子。由于厌倦天界的生活，有一天茶树仙子要求掌管众神的天神让自己到大地上生长。天神便念起咒语招来狂风，狂风吹落了茶树仙子的一百零二片叶子，撕扯着树干，但茶树仙子没喊一声疼。天神被它的执着感动了，便念起了重生口诀，让吹落的树叶在狂风中变化着。慢慢地，单数变成了五十一个强悍的小伙子，双数变成了五十一个漂亮的小姑娘，降落到大地上。后来，他们结成五十一对夫妻。历尽一百零一次磨难之后，有五十对夫妻返回了天界，最小的一对放弃了回天的机会，留在了人间，这便是后来佤族的祖先。

## 动物故事

佤族民间动物故事主要有《爱漂亮的马鹿》《斑鸠的脚杆》《穿山甲与豹子》《麂子为什么会有白斑纹》《骄傲的老虎》《老虎和猫》《老虎与螺蛳》《山鸡后悔了》《兔子吹竹笛》等。

《爱漂亮的马鹿》广泛流传于佤族地区。

从前，马鹿长得非常难看，它找来了五颜六色的东西装扮自己，又偷了一对很多枝杈的角安在自己头上，并到水边照照自己，它感到很满意。有一次猎人追上来，马鹿往森林里跑时角被藤子缠住了而跑不掉，结果被猎人捉住了，这时马鹿对自己的虚荣很后悔。

《斑鸠的脚杆》流传于临沧市沧源佤族自治县。

麂子误将好心帮助过自己的斑鸠的脚杆打断了，它发现后就勇敢地向斑鸠赔礼道歉，承认和改正了错误，并用红线将斑鸠的脚杆包扎起来。故事既生动地解释了斑鸠的脚杆为什么会有道红圈，又赞美了知错能改的美德，具有一定的教育意义。

## 生活故事

佤族民间生活故事主要有《谷子就是金子》《坏心眼的哥哥》《粮食胜过金和银》《两兄弟卖爹》《岩江片的故事》《长疙瘩的人》等。

《谷子就是金子》流传于临沧市耿马傣族佤族自治县。

从前有一个老倌，他的两个儿子都很懒，且不可调教。几年后，老倌临终前跟两个儿子说，留给他们的金子埋在山上。老倌死后，弟兄俩扛着锄头去挖金子，挖出了一块地还没发现金子；看见对面的山上有人在播种旱谷，他俩也撒下一点儿谷种。秋天兄弟俩又去挖金子，远远看见原来挖过的地方一片金黄，还以为是金子，原来是谷子熟了。这时弟兄俩才明白，原来父亲说的金子就是谷子。从此，弟兄俩就热爱劳动了。

《粮食胜过金和银》流传于普洱市孟连傣族拉祜族佤族自治县富岩乡。

古时，佤山有一个大寨，其中有两户人家有钱有势。一家粮食多，一家金银多，因此，两家都想争称寨主。一次，在喝水酒场上，为争当寨主而吵了起来，于是便叫来各自的奴隶对打，但难分输赢。后两方决定去很远的地方经商比赛，以赢利多少定输赢。有金银的富人家每个奴隶背一袋金银，另一家则每个奴隶背一个大粑粑。走了三天三夜，背金银的人饿得不行了，只好去向背粑粑的人讨吃，并表示自家输了。此后，佤山流传着一句话“粮食胜过金和银”。

## 民间寓言

佤族民间寓言主要有《老倌》《鳄鱼》《老鼠嫁太阳》。

《老倌和鳄鱼》流传于临沧市耿马傣族佤族自治县。

一个老倌上山砍柴，路过一个池塘，他看见一条鳄鱼在干涸的泥塘里挣扎，老倌把它救了上来，让鳄鱼烤烤太阳，鳄鱼活了过来。鳄鱼一醒，肚子又饿了，就想吃老倌，老倌说不行，于是两个去找动物评理。他们先找到麂子，麂子说人不是好东西应该吃。老倌不服，又找了马鹿、豹子，也都这么说。最后他们找到了小兔，小兔想了想，叫他俩按原来的样子做来看看，才好评理。这样，他们又回到泥塘边，老倌把鳄鱼埋在泥塘里，埋好后，小兔告诉老倌，鳄鱼不是好东西，不要管它，我们走吧，鳄鱼就这样活活地淹死在泥塘里了。

《老鼠嫁太阳》流传于临沧市沧源佤族自治县。

故事讲述的是老鼠姑娘盲目地追求异性的行为。它最先追求太阳，当太阳告诉它比自己还有本事的是云彩时，老鼠姑娘又去追求云彩，当云彩告诉它最有本事的是风时，它又去追求风，风又告诉它比自己有本事的是墙，它又去追求墙，墙告诉它最有本事的是在墙脚挖洞造房的老鼠。老鼠姑娘最后只得嫁给老鼠郎君。

## 民间笑话

引人发笑的短小民间故事，如《富翁的故事》《打喷嚏》《父子吃肉》《帮骡驮谷》《懒人岩坎》《水不甜了》，均收录在《佤族民间故事集成》一书。这些笑话具有嘲讽、幽默、诙谐等特点和风格，同时具有一定的教育意义。

# 舞蹈音乐

佤族是我国南方一个古老的民族，在这块古老的土地上，创造了独具特色的文化，佤族文化形态齐全，特点鲜明。佤族是一个纯朴、热情、奔放的民族，千百年来，佤族人民在佤山这片热土上，创造了灿烂而独特的民族文化。他们粗犷豪放的性格，再加上阿佤人会说话就会唱歌，能走路就能跳舞的血性，使佤族人手能舞蹈，足能舞蹈，连头发也能舞蹈，歌舞便理所当然地成了佤文化表现形式的载体之一。

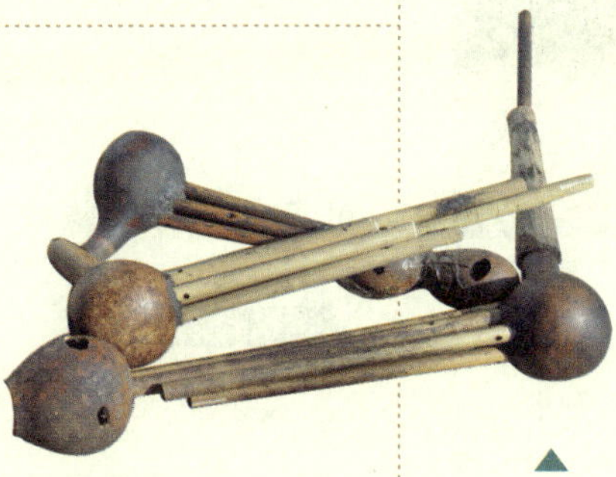

▲

葫芦笙

## 民间舞蹈

佤族民间舞蹈主要有13种：木鼓舞、悼念舞、臼棒舞、拉木桥舞、刀舞、三弦舞、口琴舞、蜂桶鼓舞、打歌、毕颂舞、跳摆、无乐伴奏歌舞、芦笙舞等。共有70多种跳法。佤族舞蹈的主要特征是：下肢动作复杂，舞步变化大，双跺单踢、一步跺、三步跺、三步一踢、一步踢、撩腿按地等，这些特征形成了整个佤族民间舞蹈力度强、豪放、粗犷、古朴浑厚的风格。

沧源佤族舞蹈除木鼓舞、蜂桶鼓舞、打歌外，是10种舞蹈的流行地，其动作如下：

木鼓舞

▼

▲

佤族著名舞蹈家——岩坤

**悼念舞**　佤族为悼念有名望的死者及安抚死者亲属而跳的风俗性舞蹈。它流传于南腊乡和班老乡一带，舞蹈无乐器伴奏，而是由领舞者领唱，众人合唱，舞者围成圈儿，手拉手，面对着棺木跳舞，动作自始至终只由跺步、抬腿、身微俯及踏步、直身五个动作组成。

**臼棒舞**　岩帅一带为悼念对寨子有贡献的人而进行剽牛时跳的男女集体祭奠舞蹈。整个舞蹈都用竹子、铜铃来伴奏。

**知识链接** 臼棒（用于舂米的）代表着有吃、有穿，竹子表示有住房，铜铃（马铃）表示有马骑。

伴奏是以二拍子进行。无唱词，舞蹈动作轻巧、灵活。

**拉木桥**　糯良一带拉木桥过程中跳的男女集体舞蹈，它包含着风俗祭祀和娱乐两个内容，整个舞蹈由拉木桥和刀舞两大部分组成。跳舞时舞者站成几个八字，用藤索边拉木桥边演唱边舞，无伴奏乐器。唱词的大意就是祈祷木桥能平安地到达目的地。大桥落成之后，杀猪剽牛时两个男性在象脚鼓、镲、铓、锣等乐器的伴奏下跳双刀舞。舞刀者的刚柔、力度随着伴奏音乐节奏的强弱而变化。

**刀舞**　流传于班老一带的一种自卫防身的民间刀术，舞蹈属男性集体舞，从傣族地区传入。刀舞由蹲步动、左膝跪地动、右膝跪地动、左上步左膝跪地动、右上步右膝跪地动五个部分组成。无乐器伴奏，一般只在比较重大的节日里才表演。

**三弦舞**　佤族祖传的一种不分季节性的男女自娱集体舞蹈。在月光下无唱调，用三弦伴奏着起舞，舞蹈动作刚劲有力，潇洒自如。舞曲激扬、抒情，属小调式乐曲。男女青年们往往在舞蹈时互诉衷情。

**口琴舞**　与三弦舞的内容和性质大体相同，也是属于佤族祖传的一种无季节性的舞蹈。口琴舞是由竹篾制作的口琴伴奏，男女青年集体自娱性舞蹈，舞蹈动作刚劲有力，刚中有柔，柔中带刚，舞曲清新、欢快。

**毕颂舞**　译为汉语意为“围圈跳”。它是佤族祖传的用毕颂（即直箫）伴奏，不分季节、男女娱乐交际时跳的男女集体舞蹈，舞蹈时吹奏者在中间边吹边跳，其他舞者在外围成圆圈手拉手也用呼喊声随着音乐节奏起舞，舞蹈潇洒自如，粗犷豪放。

**佤族跳摆** 流传于班老、班洪、南腊一带的一种男女自娱集体舞蹈。伴随小乘佛教的传入，只在泼水节、关门节、开门节时跳一次。

> 知识链接 **佤族跳摆与傣族跳摆最大的区别** 傣族跳摆是属于男性集体舞，用象脚鼓、铓、镲伴奏。佤族跳摆是属于男女性集体舞，是在蜂桶鼓、铓、镲伴奏的节拍下起舞。

舞蹈随意性和即兴性较大。

**无乐伴奏歌舞** 这是佤族传统的自娱性歌舞，它分为男女儿童集体舞、女性儿童集体舞、女性青年集体舞三种类型。儿童集体舞是儿童以游戏的形式跳的舞蹈，其形式活泼、生动。如《出门》《团团转》《路平平》《花生舞》等。女性儿童集体舞是表现女性儿童一边做家务，一边随歌起舞的舞蹈，如《泉水流》《裹叶子》等。女性青年集体舞是女性成熟后向男性展示自己的美，表达自己对爱情追求的舞蹈。舞蹈潇洒自如，深情豪迈，音乐节奏欢快强烈，如《甩发舞》《多依花》等。

佤族舞蹈

**芦笙舞** 佤族民间流传最广的一种男女自娱性集体舞蹈，一般是在过年过节时跳，舞蹈仅有芦笙伴奏，舞者也自编唱词来呼喊助兴。芦笙舞共有50多种跳法和伴奏舞曲。其共同的特点是：跳跺的力度强，多为左脚轻、右脚重，手部动作为随身自然下垂，前后摆动。队形为面朝逆时针方向的圆圈，时有顺时针方向的退步，后撤时向圆心靠拢。舞蹈的随意性和即兴性较大，潇洒、豪爽、刚毅、朴实，内容多是表现佤族人民热爱生活、热爱家乡等。

**春碓舞** 这是在佤族中流传最广，最为普及，几乎每个村寨都会跳的舞蹈。新中国成立后，《春碓舞》经加工、整理后已搬上了艺术舞台。

**敲木鼓舞** 广泛流传在佤族村寨中最古老、最有代表性的民间舞蹈之一。当工匠把木鼓制作好后试敲满意了，就抬入木鼓房上架，接着大家就迫不及待地挥槌敲打，狂欢起舞。

**甩发舞** 广泛流传在佤族妇女中的一种舞蹈。《甩发舞》的产生年代很久。佤族妇女酷爱长发，以长发为美，并从小习惯长发披肩。每当妇女在水竹槽下用水洗净头发后，就要低头梳妆，甩发晾干、整形；后经人们整理加工而成为《甩发舞》。

▲

甩发舞

**毯子舞** 属群众性的舞蹈。不分时节、场合，特别是男女青年，喜欢在明月下表演。

佤族的原生态舞蹈，不是简单的原始舞蹈或民族舞蹈，也不是一种简单舞蹈动作的堆加或形式上的传习，而是一种整体生命状态的呈现方式。他们认为万物有灵，人需要同天地、万物及神灵沟通，而舞蹈就是人与万物沟通的唯一方式。舞蹈不是表演而是他们的生活方式，这些生活中的舞蹈不是为了舞台表演而人为创编的，它因为其深厚的渊源已经成为社会生活的重要内容，其中的某些仪式性的含义已经成为当地人民生活的一部分。这种舞蹈的服装、舞具都有鲜明的地域民族特色，并具有一定的远古含义。这种原生态的舞蹈完全体现了生命的自然性，佤族舞蹈是民间生活与生产活动的一个部分，它作为人类活动的内容存在于大众之中，它以民间生活为基础，用舞蹈的方式表达生活的需求。

佤族舞蹈是一种流传久远，对人们的生活、生产及心理影响极深的一种民俗现象。当征服与支配自然界的强烈愿望，因手段的缺乏而难以实现的时候，盛大的仪式舞蹈就开始了。他们通过这种仪式舞蹈强烈地意识到自身的存在价值，意识到自身与群体的巨大潜在能动性。佤族的原生态舞蹈如同一本活的历史画卷，向人们讲述着原始先民的生活方式，体现他们对神灵、对生命的崇敬。舞者动作的内涵、所表达的信仰以及舞具的神圣含义和它的活化石作用，都有很高的艺术价值。佤族原生态舞蹈，其呈现过程是表演艺术；舞蹈的特定时间、空间与内涵体现了岁时、节日、民俗与人生仪礼；而舞蹈的服装和特定用具又和相关的特殊制作加工工艺技术密切相关。所以，佤族的原生态舞蹈无疑是一种非常稀有的艺术形式。这种舞蹈是舞者世世代代从先祖那里继承下来的，具有生命的活力，是可以不断发展的活态文化艺术品。

## 民间音乐

佤族的民间音乐主要分为玩调、习俗歌、宗教歌、情歌、山歌、劳动歌、儿歌等。

**玩调** 流行于沧源、西盟地区，数量众多，分跳调（边唱边舞）及唱调（只唱不舞）两种。沧源地区常于农闲夜晚时由妇女和儿童齐唱或轮唱，音乐结构多是乐句变头合尾的反复，从始至终以同一速度演唱。西盟地区多在喜庆节日、宗教活动及日常娱乐中进行，男女皆可参加。演唱形式主要是领唱和齐唱，音乐结构大都是上下句组成的乐段，速度常由慢而快，边唱边舞。

**习俗歌** 佤族人民在盖新房、婚丧、狩猎等活动中都要唱歌跳舞，由歌手领唱，群众随声应和。西盟县马散的盖新房歌中包括迎客歌、起头歌、半夜歌、天亮送客歌等，其间还穿插着多种舞蹈歌。佤族成年人去世后，亲友吊唁时要唱丧事歌。一般分独唱、领唱和齐唱两种。速度较缓慢，旋律深沉，有的带有哭泣的声调。婚礼歌一般由老人领唱，群众应和，音乐多为羽调式。男子常聚众入山围猎，猎得虎豹等大兽后，在返寨途中高唱狩猎歌；入寨后举行祭祀、庆祝仪式，围绕场中的猎物边歌边舞，并高声呼喊，表示人们战胜野兽的自豪心情。

**宗教歌** 佤族过去崇拜自然，相信万物有灵。在宗教活动中，演唱特定的歌曲，如《进木鼓歌》《剽牛歌》《猎人头歌》《巫师歌》等。木鼓被视为神器，拉木鼓是佤族的大事，要演唱一系列歌曲。其中《选树伐木歌》是朗诵性的咒语及吆喝声，《拉木鼓歌》类似劳动号子。木鼓进寨后，由男女青年演唱欢快的舞蹈歌；木鼓制成后，巫师带领群众演唱《剽牛歌》等。

**情歌** 佤族未婚青年的交际活动称为“串姑娘”，青年相会时，除了对唱情歌之外，西盟地区男女青年喜用独弦胡边拉边唱（沧源地区男青年喜弹小三弦），曲调有《串寨子调》《串姑娘调》等。常用羽调式或徵调式。独弦胡拉唱的音域较窄，音区较低，音程约为五度，旋律深情。

**山歌** 佤语称“勒”，在山野间劳动或行路时唱。歌词内容较广泛，常触景生情，即兴编词。山歌的旋律舒展自由，有的高亢，有的委婉，常用羽调式。

> **知识链接** 沧源地区吟唱的山歌，佤语称“劳尼”，演唱场合可以在山野间，亦可在家中；演唱内容包括爱情生活及长篇叙事诗等。青年男女常唱此歌，其特点是旋律优美，词曲结合紧密，乐句长短不拘一格。

**劳动歌** 包括《薅草歌》《撒谷歌》《找野菜歌》《砍柴歌》等。佤族有互助共耕的习惯，《薅草歌》一领众和，旋律悠长，节奏自由。《撒谷歌》粗犷而豪放。《找野菜歌》为佤族妇女、儿童所唱，和山歌、舞蹈歌等近似，富有生活气息。

**儿歌** 数量较多，旋律短小，节奏活泼，常与游戏形式相联系，内容大多与昆虫、鸟兽、家禽等有关。

此外，还有孤儿歌、奴隶歌、催眠歌、新事歌等。

佤族音乐具有原始而朴素的特点，多数旋律较为单纯，音域较窄，旋律构成的基础有二音列、三音列、四音列等，其中以三音列构成者数量最多，五声、六声音阶较少见。佤族音乐多采用单音部陈述方式，但沧源地区岩帅的玩调有二部或三部轮唱形式。西盟地区流传的悠长型民歌，节拍与节奏较为自由，在集体演唱时，力图保持连贯的乐句和不间断的气息，凡在唱到旋律的拖长音时，总是由部分演唱者使歌声持续，而由领唱或少数演唱者自由地在旋律中加进短小的装饰性花腔，形成简单的支声复调，使基本是混声齐唱的歌曲产生类似合唱的效果。佤族音乐的曲式结构为乐段或单乐句的变化重复。从20世纪50年代起，专业音乐工作者对佤族民间音乐进行了搜集、整理、改编等工作，并创作了不少具有鲜明民族特色的音乐作品，如歌曲《阿佤人民唱新歌》、歌舞音乐《春新米》，以及将古老的乐器木鼓、竹鼓展现于文艺舞台上的舞蹈《高格龙勐》等。

《阿佤人民唱新歌》——诞生地

# 影视作品

## 电影

新中国成立以来，国家对少数民族题材的影视作品给予了高度的重视，文艺工作者创作了一

《图腾之旗》剧照

大批反映少数民族题材的电影，如反映佤族的电影作品就有《阿布》《阿佤山》《孔雀飞来阿佤山》《司岗里》《图腾之旗》《叶赫娜》《叶姑姆》《玉蝴蝶》。

《阿布》是根据真人真事改编的微电影。影片讲述了徐子安的母亲阿布是佤族人，自从离婚之后就带着徐子安回到云南。阿布一直想为佤寨做些事情，改善佤族人的生活，而不幸的是，为了救一个落水的佤族姑娘叶子，献出了自己的生命。徐子安的父亲，事业有成的徐总，已到花甲之年，想要多年未见的儿子徐子安回到自己身边。徐子安大学毕业以后，隐居云南，从事热带雨林的生态保护工作，徐总来到云南看徐子安，质疑其工作和生活，劝说他回到北京继承自己的事业。借助一对父子的故事，该片探讨了都市人群对自然的态度和对自我价值的认同问题。

《阿佤山》剧照

《阿佤山》这部作品主要讲述了某城市房地产公司老总杨志达为了寻找红毛树，回到曾经工作过的西盟阿佤山，巧遇当年的初恋情人叶娜，并围绕一棵古老红毛树的买与卖展开了一系列故事，通过人与人、人与木鼓、人与树几组矛盾冲突来表现主题。

## 电视剧

反映佤族的电视剧作品主要有《不熄的火塘》《褐色阿佤山》《她们和战争》《失落的月亮》《云南往事》。

《不熄的火塘》讲述了在山寨小学任教的佤族姑娘叶茸向往山外的世界，她不顾父亲老校长和恋人岩嘎的反对，带领一个佤族演出队到省城进行歌舞表演。文化站职工依娜也爱着岩嘎，同时热心佤山教育事业，经常帮助学校补课。叶茸走后，老校长和岩嘎艰苦创业，佤山的教育得到了县委的高度重视，一些在阿佤山下过乡的上海、天津、昆明等地的知识青年也十分关注和支持第二故乡的教育事业，佤山希望小学建成。最后，历经艰辛的叶茸返回了家乡，并将外出演出打工所得的资金捐给了学校。

《云南往事》，该剧是根据临沧市文联主席、作家李德栋创作的小说《葫芦王地的咒语》改编而成的，主要以佤族文化为背景，是一部浓缩爱恨情仇的传奇性史诗，再现了茂隆银矿的开采和沧源佤族班洪抗英时期的历史。该剧以少数民族部落的风情、民俗、信仰和情感为载体，配以大量民族民间诗歌、音乐、舞蹈，描绘出当时少数民族的生活状态，展现了一幅边地佤山的风情画卷。

# 第十一章
# 生存智慧与民族节日

作为一个勤劳、勇敢、智慧的农业民族，阿佤人民在生命生存、繁衍发展、劳动生产等过程中涌现出许多智慧的结晶，比如顺应物候节气的佤族历法、度量衡，简单有效的佤族医药体系。同时，也创造了自己极具特色的节日文化，如新水节、便克节、新米节、堆沙节等等。

作为一个勤劳、勇敢、智慧的农业民族，阿佤人民在生命生存、繁衍发展、劳动生产等过程中涌现出许多智慧的结晶，比如顺应物候节气的佤族历法、度量衡，简单有效的佤族医药体系。

# 天文节气

## 天文历法

基于农业生产的经验和对天文及自然现象的观察，佤族已形成和使用着一种比较简单的历法。一般说来，根据自然条件在安排农业生产和宗教活动上月历大致相同，但即便是相同的地区，不同村寨又存在或多或少的差别。

佤族每年有12个月，每月29天或30天，几年之后又有闰月调整，闰月的年份则有13个月。佤族的月份和其他民族一样，有用数字表达的，也有用意义表达的，如西盟佤族的一月又叫“备耕月”，十二月又叫“农闲月”。有的地区由于受汉族或者傣族的影响，他们或者采用汉族的农历，或者月历名称全部借用傣语，又或者月份已发生变化，但在安排生产活动上却是一致的。

每月以观察月升、月落为标志，新月升为月首日。年首日则是以自然现象为标志，如“候草木荣落，记其岁时”，或者“见鸟兽孕乳以别四节”。而在闰月的调整上，澜沧、沧源等地的佤族由于受傣族的影响，其闰月则参照附近的傣族过年而定。西盟佤族则称闰月为“怪月”，他们依据自然现象而定，有的看拉祜族是否过年，还有的则看南锡河的鱼在二月是否上水，等等。

佤族计算日子也有9个或10个名称，如马散、岳宋等寨有9天，永广、翁戛科等寨则有10天。这种记日法周而复始，循环不止。每天又以太阳的运行分为若干时辰，和汉族一样，如白天、夜晚和早晨、中午、日落时分。

## 物候节气

很多民族都有自己的历法，虽然不尽相同，但都有些共同的特征，即都是根据对天文和自然现象的观察，特别是对气候的冷热、月亮的运转和生物的生长等产生的时间观念，会对当地该民族自己的生产活动和宗教活动产生重大影响，以西盟某地佤族为例，一月至十二月的生产活动依次是：薅鸦片、收荞麦，收鸦片，撒谷子、收小春，种苞谷，撒谷，薅第一道旱谷、收洋芋，薅第二道旱谷，收苞谷瓜菜，锄大烟地、荞麦地、撒小豆，种大烟、撒荞麦，打谷子并运回家、薅大烟地，薅荞麦，至此完成作物生长的一个周期。相应地，比较传统而完整的宗教活动从一月至十二月的分别是：做水鬼、拉木鼓，盖房子，砍人头、祭人头鬼，砍牛尾巴、祭人头鬼，继续砍牛尾巴、祭人头鬼，做老母猪鬼，修木鼓房、修人头桩，叫小红米鬼，修路、打扫寨子、驱鬼，修寨子、叫谷魂，盖房子、结婚，盖房子、做家鬼。然而，新中国成立以来，取消了佤族的“猎头”习俗，因此现实生活中佤族的宗教活动也只保留了一部分。

# 医药知识

得益于独特的地理位置，神秘的阿佤山区蕴藏着极为丰富的药材资源。在漫长的生产生活的历史进程中，佤族人民为了生命生存，繁衍发展，不断发掘利用这些动植物及矿物药材资源，用于疾病的防治。在同疾病斗争的过程中，佤族人民经过无数次的有意无意地试用、观察和实践，不断发现、积累和创造，同时吸收、借鉴其他民族的医药治疗方法，累积了丰富的医治经验，并把医药治疗法上升为内外夹攻治疗法，用以指导临床实践。

## 佤族医药史

**神话说** 关于佤族医药的起源，至今仍流行的一些民间传说反映了佤药的产生过程。例如，佤族医药中，有一味外伤用药是拿蓖麻来止血。传说很久以前，佤族人民用弓箭射杀猎物，有的野兽在被射中时因流血疼痛而拼命挣扎，有时恰好伤口碰到蓖麻，血便不流了。受此启发，有人在日常生活中不幸受创出血，也扯几片蓖麻叶敷在伤口上，流血很快就能止住，结果人们就把它作为一味药沿用至今。

另一味药则是用胖猪草来治疗体虚瘦弱。传说该药是这样发现的：

过去佤族喂养的猪都不做厩，而是放养野外，白天猪都跑到村边树林或山上寻食。通过长期无意识的观察，人们发现，有些瘦弱的猪吃了这种植物不久就肥壮起来。于是有人就把它采回来用于人，此药也就因此得名。

此外还有很多药，同样是出于古老的佤族神话，比如《司岗里传说》中的熊胆做药，再比如《月食传说》中的灵药“年巴洛”（灵芝）。

**“精灵说”或“鬼神说”** 在佤族社会，人们基本上是以万物有灵的观念去解释他们不能理解的一切自然现象的，因此，他们认为许多精灵能使人致病。如：

阿瑞住在树上，能使人皮肤发痒（即生藓）；毛阿布住在大藤子上，能刺人；吉柚能使人肋骨痛、头痛、脚痛；司尼呵附着在永必列等寨的一些人身上，能在夜间变鸡狗害人；铺瑞依与司尼呵同类但较司尼呵厉害；涩附着在某些人身上，能使人耳朵痛；各茗能使人耳聋；哈能使人抽筋；宏能使人肚子胀大；阿去姆使人肚痛；各朗能使人发疟疾；各软能使人患麻风病，等等。

佤族先民通常把疾病的产生与鬼神密切联系起来，认为鬼是产生疾病的根源，要消除疾病就必须“做鬼”。宋恩常先生在《佤族原始宗教窥探》一文中提到：

佤族相信人死后仍有一种类似“宽”（人的灵魂）的“格姆昂”或“迷昂”继续存在，基于“宽”的宗教观念，人生病则认为是人的“宽”即人的灵魂暂时同肉体分离。因此要为病人找回丢失的魂，举行叫魂仪式。

## 医药理论体系

**理论依据** 佤族医药，是以朴素的辩证观点为基础，认为自然界里由天、地、风、水、木、火、石、气等八种物质组成。每种物质都由神所赋予，每种物质都有特性和作用，还有其规律性，这种规律性不能改变，否则会导致各种物质间与人的不平衡、不协调，因则就会导致疾病。“病有百种，有传与不传”之说。“传”即为传染，“不传”即不传染。佤医还认为，传染之病多在肺、肚之脏器和多属于发热之病。像肺结核、肝炎以及感冒等疾病属于此范畴。例如，结核称为“涩外”，“外”是指一点点细小而看不见的东西被人染上了，“疟疾”是定时来的疾病，是传染而得的。

**对疾病的分类** 佤医对疾病的分类，主要是以得病部位和疾病特征分类和命名的。以部位分类和命名的疾病，是以得病所在部位而得名的；以疾病特征命名的疾病，是以疾病的特点及症状反应等方面的表现而得名。

以部位分类和命名的疾病有：涩夺（即肝病）、涩闹（即肺病）、涩送拉（即脚痛）、涩盖（即头痛）、涩整（即手痛）、涩都（即胃痛）、涩更瓦（即肠炎）、涩西安（即骨痛）等。

以疾病特征分类和命名的疾病有：涩胃（即定时来的，间日疟）、涩巴（即感冒）、涩挖（即中暑）、涩龙（即腹泻）、涩维（即恶性疟）、涩艾（即眼病）等。

**诊疗经验** 佤族诊断疾病方法很简单：看诊、问诊、舌诊、脉诊以及顶指甲尖。前四种方法类似于中医的“望闻问切”，第五种顶指甲尖，是指医生将自己的指甲尖顶在患者的指甲尖一顶一松，细心观察患者指甲内血液循环情况。比如胃病，左指甲血液循环较慢；肝脏疼痛，左指甲血液循环较慢等。通过以上五项诊病方法来分析病情，从而对症下药。

佤医的治疗法则是根据其对病因的认识而确立的。主要治疗法则有：

顺法：“天地之病”用顺法，以调理天地规律与人体的相互关系。

清法：“清”指清除、排除或清理毒物、邪气等，使之从口涌吐而出，主要用于清理肠胃、呼吸道等。

散法：“风致之病用散法”，风无形而常变化不断，故用散发的方法治疗。比如：风湿、中风等疾病，实际上与中医的“祛风”治疗法基本相同。

润法：“润”是指“湿润”，认为病因多由火引起，火得水而灭，故用润法。例如烫伤、烧伤等病治疗选用带有水分较多的软经草等药物治疗。

止法：“止”指停止、阻止。例如由“水邪”而导致的腹泻，常用干燥、收敛的炒苡仁、金花果等药物医治。

泻法："泻"是指泻出体内的结滞或有害积蓄，以采用排除邪气和调节体内机能的手段。

补法：是对身体虚弱或久病体虚的患者采用的食疗食补方法。例如肺结核病时间长久体虚，采用甜竹笋炖鸡，可使体力大增。

佤医的治疗手段主要包括：外拔外包内服法，外切外敷内服法，推拿按摩外敷法，食疗法，外敷内服法，放血内服法，外搽内服法，薰疗法，生食、含漱法，外包外洗法，实行内外夹攻治疗。外包药，内服药，自古以来，医生所用的药材绝大多数都是鲜品，医生亲自诊断疾病，亲自找药、挖药、洗药、切药、煎药、配、煮、热，为的是让患者放心。

知识链接 佤医有理疗的传统，包括针对关节炎肿痛、风湿疼痛等所采用的拔火罐法；治疗风寒引起的痧症、腹部疼痛等所采用的揪、刮法；治疗小儿积食消化不良的抹法；治疗因受寒引起的重感冒、久烧不退的放血法；治疗跌打损伤、关节扭伤红肿、四肢麻木、全身酸痛等症的揉搽法、拍打法、推拿法等。

佤族药材

佤族药材

佤族药材

佤医注重诊断，通常是在望闻问切后根据患者病情对症下药，因此在用药方法上也极具特点：

1. 所用药物以当地植物、动物和矿物药为主，一般随用随采，亦有采集晒干备用的。

2. 配方严谨、简练。一般每一个处方用1~4剂，亦有5~10剂以上的。用药后见效快。

3. 在治疗疾病时里外并重。

4. 引药。佤族民间医生在配伍用药时，有60%的药都要求放引药。他们认为引药有三个方面的作用：一是综合药性，二是提高药效，三是可引药至全身各部位。这些引药多数具有芳香理气、舒筋活血和镇痛的作用。如草果、胡椒、丁香、生姜、白酒、米酒、红糖、冰糖、蜂蜜等。

5. 生熟药各半混用。佤族民间医生在配制外包外敷用药时，多为生熟各半混用。取新鲜药捣烂后，一份生品，一份熟品，混匀使用。

佤族医药治疗法的传播，历来都是口耳相传，无任何文字记载。有很多偏方、单方、验方、秘方也已失传。

## 与疾病有关的禁忌

佤族风俗里有一些与疾病相关的禁忌，它有助于医药文化的保护和推广。众多的禁忌除了以同类相生相克的原理加以表达外，其中也包含着不少保护人们健康的合理因素。以下列举一些简单的禁忌：

1. 朔日、望日、晦日之夜不要睡懒觉，若是这天起得晚，就会生病，在屋里睡觉，不能脚朝神龛处，否则会生病。

2. 刺戳着脚手，不要在夜晚抠，容易感染。

3. 不要在朔日、望日出门离家，若是在这天出去了也不要到别寨住宿，否则会生病。

4. 大病或分娩后，结婚后若要出寨门，不在本家忌日或者地支属虎的那天出去，否则会生病。

5. 如果狗在平整好的地基上、备好的木料上、草片上屙屎，不吉利，以后这新房的主人会常生病。

6. 如果是继续用人家的地基，要改变火塘方向，否则，你抵不过前人的命，在那里住会经常生病。

7. 不能在门框上挂扫帚，家魂会生气跑掉，主人会生病。

8. 盖房子要顺着山势盖，不跨山而建，否则房子的主人会生病。

9. 杀猪时不能跨过猪头，若是跨了，吃了那头猪的肉就会拉肚子。

10. 结婚不久的男子不能参加砍木鼓、拉木鼓活动，若参加了容易受伤生病。

## 医疗机构建设及现状

新中国成立前，阿佤山区交通十分闭塞，长期与外界隔绝，中、西医基本没能传入阿佤山区。加之由于地理位置、气候环境特殊，该区域成为瘟疫的流行区，成了疟疾、天花、霍乱、痢疾、肝炎、流脑、肺结核等疾病的高发区，佤族人民只能利用当地的医药资源防病治病。当时由于少数民族医生或者医药受到歧视，致使佤医一直处于较落后的发展状态。

新中国成立后，政府十分关心重视阿佤山区的卫生防疫工作，佤族地区医药卫生条件得到改善，并受到公众的广泛关注。民族医生受到培训，当地的医疗技术得到了提高和发展。

1992年，佤族医药的专门研究结构——佤族医药研究所在沧源佤族自治县成立，为佤族医药研究工作的开展搭建了一个良好的平台。研究所附设一个门诊部，开展佤族医药的临床服务工作，在实践中验证并积累临床经验，收集了部分佤族民间单方和验方，对佤族医药的经验整理和应用做了一些基础性的研究工作。此外，在沧源县人民医院还设立了民族医药科，为佤族医药的临床推广应用发挥了积极的作用。

**知识链接** 关于佤族医药的书籍，最早的是郭绍荣、郭大昌、段桦等编著的《中国佤族医药》一书，共四卷，分别由云南民族出版社于1991年出版第一、二卷，1992年出版第三卷以及1997年出版第四卷，佤文、汉文对照出版。

《佤族医药》书影

更为详细而全面的则是由中医古籍出版社于2014年6月出版的，由邓泽、侯凤飞编著的《佤族医药》一书。该书编者通过三年的不懈努力，踏遍佤族分布的95%以上地区，采访73位佤族医药从业人员，从多角度记录了佤族医药。书中详细记录了佤医对医药的认识，关于疾病治疗，医药理论体系，养生保健的特点、手段和观点、观念，总结提炼了佤族医药抢救性发掘整理的手段。该书的主要章节内容如下：佤族概况、民族医药发展历史沿革、佤族医药理论、佤族医药的传承、佤族医药对于疾病的防治与养生保健的知识、佤族常用药物（药材）、佤族民间单方验方和秘方以及典型的医案择录、重要医药人员介绍、佤族医药传说与趣话和研究工作掠影、对该民族医药研究工作的建议。

# 编织造型

## 织锦

佤族的织锦造型主要有“祭司岗”太阳幡图案、挎包图案造型、佤族服饰等。

**“祭司岗”太阳幡图案** 佤族认为，人类祖先源于“司岗石洞”，而“祭司岗”是佤族全寨族人集体的祭祀活动，每年按特定的时间举行。佤族人用芭蕉叶为祖先的灵魂铺路，并遵循先辈的踪迹，到神灵居住的山上“祭司岗”。太阳幡是“祭司岗”时使用的伞状形的织锦物件，红花纹与杂色的一顶，绿花纹与杂色的两顶，共有三顶。

**挎包图案造型** 佤族传统样式挎包采用自纺的麻线或棉线，使用腰织机手工织锦而自做造型，形状不分男式女式，大的为正方形，小的为长方形。颜色有素色，有白色或深蓝色。佤族现代样式挎包分传统型和时尚型两大类。现代传统型挎包外形为正方形或长方形，使用彩色细棉线织锦图案，以红色为主色调，兼织其他色。现代时尚型挎包使用各种彩色毛线织锦图案，常见的造型为正方形，有一体平整形的，也有厚边加固形的。不论传统的还是现代的佤族挎包，造型及织锦图案大都精致耐用，美观大方。

**佤族服饰** 因佤族所在地区不同，服装式样和织锦图案产生了较大差异。女式服装上装衣服较短，以小褂为特色，露出肚脐眼。用手工纺织各色布料，或采用黑色平布缝制。衣襟开口有前面直开襟、后背直开口、右侧面开襟几种样式，年轻人喜爱穿前面直开襟和后背直开口的，年长妇女则喜爱右侧面开襟的。织锦图案

穿着民族服饰的佤族女性

与装饰选用彩色线搭配织锦，花边布条及银泡缝制，并将饰品挂件如银铃、绿谷子、海贝、玻璃珠等，分别缝合装饰在衣服不同位置上。男式服装用料为自制土布，颜色以白色本色线和自制调配染浆染成黑色或深蓝色。上装为对开直襟和右侧开襟，前胸用银泡缝制太阳、月亮、崖画人、小草房等图案，后背缝制牛头、山峰、木鼓等图案。下装以传统折叠腰式大裆裤为民族服装特色，宽松舒适，古朴大方。

## 岩画

据考古学专家考证，沧源崖画已有3 000多年的历史，是佤族的原始先民，将现实生活的认知和生产生活中的所见所闻，描绘在崖石上，再现了远古时代的生活场景。

沧源崖画

沧源崖画分布在海拔1 000～1 700米间的悬崖峭壁上，崖画群有6处、15个点，画面离地面2米以上，高达10米，崖画总面积约245平方米。共发现图形1 070个，包括人物791个、动物187个、房屋25座、道路13条、各种表意符号35个等。从艺术表现形式到图像造型，以太阳、山洞、狩猎、弩弓、采集、村落、人物、动物、驯养、树木、舟船、祭祀、舞蹈、战争、手印等为绘画内容。

沧源崖画为古代绘画的绝作，证明佤山原始先民在新石器时期，已经掌握了很高的绘画技巧，并且学会了打制和磨制精巧的石器及自制陶器等。建立在原始经济基础上的沧源崖画的发现，为研究佤族原始社会史、民族史、艺术发展史，提供了鲜活生动的具有历史研究价值的珍贵艺术资料。

沧源崖画

## 木雕

佤族的木雕工艺作品主要有博风板造型艺术、护佑神像、祭祀幡竿雕刻、木鼓造型、西盟“大房子”木门浮雕人、寨桩雕刻等。

**博风板造型艺术** 佤族视辟邪镇宅的博风板为灵性物。分立体复杂造型和平面简单造型。立体型博风板大致有人形、塔形和鸟形几种。因生活经济条件所限，制作博风板不仅为了装饰，也为了辟邪。普通人家的博风板以简单的平面造型为多见，以材料

寨桩木雕

本色为主色调，不加颜色粉饰，显得朴素大方。

**木鼓造型**　木鼓是佤族的神物，佤族认为，木鼓本身有神性，是“梅依格大神”下到人间时依附的神器。它像警钟一样，时时刻刻在提醒和引导着佤族人勇敢、上进、圆融、豁达。

经选定吉日，将砍伐的神树拉回寨子，取出树材的中段，由民间工匠手工凿制成造型独特、线条简捷的木鼓。形状为长条圆形，鼓身总长为1.5～2米左右，直径60～80厘米左右。崇拜女神的佤族认为，世界是女人创造的，是名叫“烨奴姆”的女始祖（人神一体）繁殖的人类，因此木鼓造型为女性人体，鼓身上方开凿出的扁山形的鼓心，是模仿女性生殖器而创凿成形的。

在祭祀活动中，佤族依靠木鼓传达人与神之间的心灵沟通，与神灵对话，来规范佤族生活的偏差与行为准则。

## 竹编竹刻

**竹器造型工艺**　佤族的竹器用品分为三大类，有竹制品、竹编制品和竹刻制品。竹制品有建房的竹柱竹梁竹地板，屯粮食的粗长竹筒，酿小红米水酒的竹筒，背水用的竹桶、竹水瓢、竹甑、竹盘、竹碗、竹杯等竹器用品。竹编制品有竹篱笆墙、竹篱笆地板和竹篱笆地围，以及竹篓、竹簸箕、竹畚箕、竹筛子、竹桌、竹凳、竹饭盒、竹挎包、竹头箍、竹耳环等竹器用品。竹刻制品有竹琴、竹笛、竹碗、竹筒、竹杯等竹器。竹器工艺制品，属原生态纯天然用品。

**竹条记事符号造型**　佤族民间曾采用竹条刻齿记事的记事方法。竹条造型为扁条长形，类似一把尺子，但上边没有刻度和数字，而在竹条的一边刻有记事齿形。齿形以大、小、深、浅、宽、窄区分，包含着发生事情所刻记的不同情况，有轻重、缓急、吉凶等含义。佤族传统记事的竹刻，采用砍刀和小刀手工刻制而成，刻削的刀法精密细致，齿尖光滑，齿形排列有序，犹如连绵起伏的群山山脉，有高矮、宽窄的不同。

独弦琴

## 传统工艺

传统工艺主要有独弦琴造型艺术、蜂桶鼓造型、帕良记事符号造型图案、人头桩造型、社神房造型、神灵房造型、佤族葫芦

人头桩

大芦笙造型艺术、西盟型铜鼓图案、银饰艺术、寨门造型等。

**神灵房造型** “神灵房”是佤族祭祀的重要场所，建房位置大都选在村寨的上方及当阳背风稳妥的地方。各村寨建造此房，因地制宜，形式多样，但造型大致可分为传统型和现代型两种。传统的“神灵房”造型如一舟房船宝屋，严密而神秘；现代的“神灵房”造型结构精简，威严而神圣。

**西盟型铜鼓** 西盟型铜鼓图案，铸铜工艺。根据广西龙州唐代墓葬出土的该类型鼓推断，西盟型铜鼓可考证为唐代铸造。

西盟型铜鼓是以西盟佤族自治县佤族村寨出土的铜鼓为代表的一类铜鼓。鼓身较小，呈直筒形流行于云南省西南部的德宏、临沧、西双版纳、西盟等地，是佤族、傣族和克木人所用的乐器。

唐西盟型蛙饰铜鼓最初在西盟地区发现，是佤族使用的古老器乐。铜鼓通高48.1厘米，面径64.3厘米，足径52.4厘米；鼓体圆而精

西盟铜鼓

知识链接 西盟型铜鼓，还流传于缅甸、泰国、老挝等东南亚国家，尤其在缅甸北部克耶邦的克伦族中广为使用。故国外学者称其为“克伦鼓”。

瘦，为上大下小桶状，胸、腰、足无分界标志；鼓面较宽绰，边沿向外伸出。铜鼓铸造精巧，响音清脆，鼓身轻薄，制有丰富的花纹图案。居于鼓面中央为太阳纹，鼓面周围的晕圈多而密，在鼓面的边沿铸有立体蛙饰图形；有的鼓面还铸有立体形的小象、蛇、海螺、玉树等浮雕，并由四只雕像作耳；有的铜鼓铸有扁耳二对，耳格成叉形，自然形成三角形耳孔，造型独特别致。铜鼓的周身遍饰花纹，鼓面以三弦或双弦分晕，间隔为心形加线纹，以同心圆纹为主纹；晕饰栉纹夹同心圆纹带、填线雷纹、翔鸟及定胜纹为主纹，并有小鸟纹、方格纹、谷粒形纹等。晕外的四方各饰三朵团花；鼓面边缘饰一周莲瓣纹、一只单蛙和三只重叠蹲蛙，等距分为四组，逆时针环列。鼓身有胸饰花纹、雷纹，晕纹带与鼓面相同。腰中部、下部纹带基本与鼓面同纹，仅中部上端和腰部下端各多一道填线雷纹。足部花纹为三道，即晕饰编织纹加同心圆纹，晕饰雷纹加线，晕饰栉纹、足边缘饰羽纹。两侧各有一道篾纹，压于鼓耳饰弦纹下面。铸造此铜鼓，全部采用失蜡法成形，工艺有重要革新，花纹用捺板拍印。根据广西龙州唐代墓葬出土的该类型鼓推断，西盟型铜鼓可考证为唐代铸造。

**银饰艺术** 佤族传统手工制作银饰，有头箍、耳环、项圈、手镯、装针筒、挂链等多种样式造型，并加工图案。制作工艺有刀刻形、钉铳形、镂空形、折叠形、链条扣接形、银条圆形（开合）等。银饰头箍造型为长条形折成圆形开合状，两头窄至中间幅度渐宽。银饰耳环造型有穿洞大钉形、垂铃形和圆环形等。银饰项圈有粗、细、大、小之分，为开合形。银饰手镯采用刀刻浮雕和模型压花，花样纹式较为丰富，有四瓣对花、圆圈组合图对应水波纹、十字花、梯形斜纹套菱形、旋转形花纹，以及链条纹、横线凸纹、竖线凹纹、竖长方形等纹式贯穿其中，使手镯精美耐看。

# 民族节日

## 新水节

新水节是佤族重要的传统节日，新水节在佤历的元月初一至初三（相当于农历十一月二十八日至三十日）举行，以寨为单位，为期三天。新水节是具有十分悠久历史的节日，它主要为了纪念雨水之主“安木庸”和大树神桑洛德给寨子带来清泉，让泉水长流不断，保佑五谷丰登，人畜兴旺，万事平安，报答神灵给人间带来美好的恩情。

新水节

节日之前，大小头人和窝郎集中在“阿茫”议事房里商讨并确定迎水节的“主祭户”，“主祭户”一般是自愿或者是由头人会议决定两种方式产生。第一天，主要是进行相关准备工作，男子需要到山上选取修缮水槽用的木材、竹子等。大家按照约定俗成的规矩，统一把米、鸡、肉、水酒送到“主祭户”家中，以此来减轻主祭户的压力，保障节庆的物资充足。主祭户则要杀猪宰牛准备招待寨人，同时，还要准备一对（雌雄）老鼠，用来迎接神灵回到人间欢庆佳节。

第二天一大早，毕哉带上老鼠干巴、米和鸡蛋等祭品，带领寨民（每户一人，带着做好的水槽和木架）到水源地祭祀水神“安木庸”，迎接神灵回寨。毕哉默坐片刻，大家坐在祭祀两旁，开始祈祷雨水神和树神归来。毕哉边念祭词边撕下两只老鼠身上的一点儿肉放在芭蕉叶上，然后向水中撒一把米。祭毕，寨里所有的壮年男性开始清理水源头，疏通水道，修挖水沟，架好竹水槽，做好把山上的泉水引回到村寨的一切准备。寨里的其他人则要好好打扫村寨，使神灵回到村寨时，看到村寨的各个角落、家家户户都是焕然一新的。

第三天早上正式举行接新水仪式。天一亮，人们穿着节日的盛装来到寨门口，排起长队迎接水神进寨。“新水”流进山寨，祭司首先举行接新水的祭祀活动，接最神圣的第一竹筒水递给“主祭户”。祭祀完毕以后，寨里男女老少涌向新水，喝新水，用新水冲洗全身，让神圣的新水冲掉疾病，冲洗掉一年的晦气，期盼新的一年能健康平安。这天晚上，“主祭户”要用祭司递给的第一筒新水和老鼠干巴，加些其他肉类和大米煮成烂饭——“神水饭”，请全寨人吃。吃“神水饭”是节日中的重要内容，它代表着人人可以得到神灵赐予的福运。最后，全寨人在吃饭、喝酒、欢歌载舞中结束整个活动。

## 便克节

便克节是佤族的最重要的节日之一，位居三大传统节日之首。在佤族人心中，便克节被视为是邪恶、灾荒、饥饿、疾病的终结，吉祥、平安、和谐、幸福的来临。便克节的时间是每年农历的六月二十四日。在这一天，佤族村寨的人都要把家中饲养禽畜的笼舍关闭好，农业生产工具、日常生活用具收拾规整，被外人借走的东西都要收回来。各户除了可以派小女孩儿到旱谷地里采摘谷穗和瓜果蔬菜以外，全寨寨民不能上山下地干活，也不能出门串亲戚，更不能出门远行，客人也不适合进主人家门。

香糯米饭

这段时间，谷子即将成熟，所以依照风俗，需要给谷子招魂，以防被坏人或者动物偷吃，影响粮食的收成。待谷穗、蔬菜瓜果拿回家后，主人杀鸡、蒸糯米饭，舂糯米粑粑，由老人“召批”念祈祷词招魂。夜幕降临时，村寨里的各户人家都会把点燃的火把竖在屋檐下，并用干蒿子和香灰在室内外播撒，以驱逐蚊蝇。到了夜晚，青年男女借抛洒香灰的机会聚在一起，谈情说爱，玩耍嬉戏，老人们则三三两两相互串门，饮酒咏调，畅快聊天，一片欢乐的节日气氛。

**知识链接** 佤族三大传统节日是便克、斋、卧，即：艾便、尼斋、三卧。

## 新米节

新米节，又称迎新谷节，即是把谷魂请回家的一种古老的传统节日，目的在于迎接新米，庆祝丰收。关于新米节的由来，流传于普洱市西盟县这样一个传说：在很久以前，旱谷、小红米和金子、银子一起住在地面上。后来他们因为争地皮而打架，旱谷和小红米被金子和银子打败逃跑了。从此，人们便没有吃的了。眼看就要吃金子和银子了，牙董就派各族人民去找旱谷，派蛇和蚂蟥去找小红米。历尽千辛万苦，终于把旱谷和小红米请回来了。旱谷和小红米回来后，人们便不再饿肚子。金子和银子由于

佤族少女在新米节这天舂米

犯了大错，没脸见人，就钻到地下躲起来，并将地面让给旱谷和小红米。后来，人们为了感谢祖先牙董以及安抚旱谷和小红米的灵魂，每年谷子成熟的时候都会举行祭祀祖先牙董和谷神的活动。久而久之，就形成了佤族传统的节日——“新米节”。

为了尊重民族风俗，传承民族文化，1992年3月29日，孟连傣族拉祜族佤族自治县九届人大三次会议审议并通过了《确立孟连傣族拉祜族佤族自治县拉祜族、佤族“新米节”的决定》，规定自1992年起，每年农历八月十四日、十五日、十六日为拉祜族、佤族“新米节”，全县统一放假三天。2001年4月10日孟连傣族拉祜族佤族自治县第十一届人大常委会第二十一次会议通过了《关于变更孟连傣族拉祜族佤族自治县拉祜族佤族“新米节”和确定拉祜族“葫芦节”决定》，规定每年农历八月十四日、十五日、十六日为孟连县佤族人民特有节日“新米节”，全县统一放假三天。

新米节上的特色舞蹈

举行新米节仪式一般在佤历的九月至十月，相当于公历的7~8月。由于佤族群众生活的地理环境千差万别，谷物的成熟时间也会有所差异。所以，各地区各村寨举行新米节活动的时间也会存在着差异。当谷物开始成熟时，头人就会召集有威望的长者商定吉日，并告示全寨的所有民众。

过节前，村寨里的青壮年男子要修路搭桥，妇女则打扫卫生，洗涤衣物。举行新米节的当天一大早，各家各户到自己的田地里采摘少量膨大饱满的稻穗和谷穗、棉叶和棉蕾、小米叶和小米穗以及各种瓜果蔬菜一同带回家中。到家里后，需要迅速地把新谷烘干舂成米煮成饭，盛到碗里放在祭台上，祭台放置好茶叶、棉线、钱币、米、水酒、老鼠头、鱼头、蟋蟀、鸡头、牺牲（牛、猪）的少许碎肉后，祭祀仪式开始，祭司虔诚地祈祷。

喜庆新米节

迎新谷要吃“神餐”，有在世全部成员吃的和已死去的先祖吃的两种。世人吃的神餐要把牺牲（牛、猪）的肉同米共煮，煮成烂饭，然后人人得到一份。用餐之前毕哉做祈祷，祈求上天能赐予寨民幸福安康。祖先的神餐，除了上述祭祀用肉外，还要用“祖谷”做成的新米饭。这是为了迎接“祖谷魂”回来。到了晚上，大家喝水酒，围着篝火载歌载舞，欢庆佳节。新米节活动仪式结束后，人们便可以把成熟的庄稼带回家中，否则是忌讳这样做的。

## 春节

春节是佤族一个重要的节日，佤族的春节基本上与汉族春节的风俗礼仪相同，但是还是加入了一些本民族特有的习俗，使得春节很快成为佤族群众喜欢的节日。

节日前两个月，家家户户就要筹备好节日食品、柴火等，还要修缮房屋，添置节日新装等。节日临近，妇女负责为牛马备好草料，男人负责清理周围的水沟和掏水井，修理四方的通道，以焕然一新的环境迎接新春佳节的到来。除夕之夜，除了传统的放鞭炮外，佤族群众要到山里的泉中接回第一竹筒的泉水回家，来祭祀祖先和神灵。佤族人在新年第一次见面除相互道喜外，还赠以糯米粑团、甘蔗和芭蕉，以此祝愿家庭生活和睦、甘甜、美好。人们还要打陀螺、荡秋千、拔河、射弩枪等。走亲戚、拜见长辈也是佤族春节的重要内容。

## 堆沙节

堆沙节是信仰南传上座部佛教的佤族的一个传统节日，佤族语中称该节日为“果寨”，堆沙节一般在清明节后的7～10天举行，总共三天。

堆沙节的第一天被称为“小沙”，各户各捧洗净的沙子2～4碗到佛院中，将手中的沙添放到由佛爷事先弄好的底沙上，底沙底部有一两个钱币，并插有一种称为“腊梅木”的花树枝。

第二天称为“烂沙”，这一天老人来到寺院，清扫寺院，为寺院“洗佛”。同时，还用各种草药煮水后洗澡。这样做是为了洗去污物与晦气，保佑一年可以清洁平安，福气连连。

第三天称为“大沙”，即过新年。各户舂粑粑，磨豆腐，宰鸡煮肉做斋饭，取一支蜡烛，有的会写一本经书，连同大米、粑粑、糖果等食品作为“赕佛”的贡斋，听和尚与佛爷诵经，然后“泼水”，泼水的顺序为长老或佛爷—和尚—老年人——般人。泼水者一手持清水盆，一手拿树枝，边泼边说祝词，随后相互泼洒。当天会有一系列的庆祝活动，场面十分壮观。

# 参考文献

1. 樊华. 传统与现代的互动——以沧源佤族艺术为中心的研究. 北京：商务印书馆，2011

2. 高发元. 云南民族村寨调查：佤族——沧源勐董镇帕良村. 昆明：云南大学出版社，2001

3. 郭锐. 佤族木鼓文化研究. 北京：中央民族大学，2006

4. 郭锐. 佤族的鼓与鼓文化. 云南民族大学学报（哲学社会科学版），2007，24（4）

5. 郭锐. 佤族木鼓文化研究综述. 黑龙江民族丛刊，2006，第2期

6. 韩军学. 佤族村寨与佤族传统文化. 成都：四川大学出版社，2007

7. 金开诚主编. 中国文化知识读本——佤族. 长春：吉林文史出版社，2010

8. 刘军. 阿佤人 阿佤理——西盟佤族传统文化调查行记. 昆明：云南民族出版社，2008

9. 罗之基. 佤族社会历史与文化. 北京：中央民族大学出版社，1995

10. 梅英. 佤族木鼓文化的源起与传承. 北京：科学出版社，2013

11.《民族问题五种丛书》云南省编辑委员会. 佤族社会历史调查（一）. 昆明：云南人民出版社，1983

12.《民族问题五种丛书》云南省编辑委员会. 佤族社会历史调查（二）. 昆明：云南人民出版社，1983

13.《民族问题五种丛书》云南省编辑委员会. 佤族社会历史调查（三）. 昆明：云南人民出版社，1983

14. 汪宁生. 中国西南民族的历史与文化. 昆明：云南民族出版社，1989

15. 云南省历史研究所. 云南少数民族. 昆明：云南人民出版社，1980

16. 云南省民间文学集成编辑办公室. 佤族民间故事集成. 昆明：云南民族出版社，1990

17. 周本贞. 中国少数民族大辞典·佤族卷. 昆明：云南民族出版社，2015

18. 张泽洪. 佤族的历史及其宗教——以汉文史籍为中心. 思茅师范高等专科学校学报，2006，22（5）

19. 周家瑜. 近二十年佤族原始宗教研究综述. 保山师专学报，2008，27（3）

20. 周文林. 佤族——云南少数民族图库. 昆明：云南美术出版社，2001

# 图片提供者

（按姓氏笔画为序）

**王秀丽**
第 140 页（最下）
第 145 页（下）
第 151 页（下）
第 153 页（下）
第 157 页（上两幅）
第 159 页（上）
第 160 页
第 162 页（下）
第 170 页
第 171 页
第 187 页
**王焜**
第 36 页（两幅）
第 135 页
第 137 页
第 139 页
第 140 页（上两幅）
第 184 页（三幅）
**韦莲花**
第 31 页
第 68 页（三幅）
第 70 页
第 71 页（两幅）
第 72 页
第 73 页
第 141 页（上）
第 189 页（下）
第 191 页（最上）
**史志丽**
第 75（六幅）
第 76 页
第 77 页（两幅）
第 78 页（两幅）
**任重远**
第 14 页（最上）
第 16 页（两幅）
第 33 页（上）
第 151 页（上两幅）
第 156 页
第 157 页（最下）
第 158 页（两幅）
**网络图片**
第 33 页（下）
第 41 页
第 42 页
第 43 页（2 幅）
第 44 页
第 45 页
第 63 页
第 114 页
第 162 页（上）
第 175 页（下）
第 176 页
第 186 页
第 195 页
**张一平**
第 35 页
第 68 页（最上）
第 92 页
第 94 页
第 136 页
第 138 页
第 144 页
第 169 页（下）
第 193 页
第 196 页
第 197 页
**李小杰**
第 15 页（两幅）
第 28 页
第 29 页
第 49 页
第 54 页（下）
第 60 页
第 110 页
第 121 页
第 147 页
第 194 页
**肖遥**
第 74 页（上）
第 79 页（下）
第 142 页
第 143 页
第 169 页（上）
第 188 页
第 189 页（上）
第 190 页
第 191 页（下两幅）
**陈枝英**
第 53 页（下）
第 54 页（上）
第 55 页
第 122 页
第 123 页（两幅）
第 124 页
第 125 页（两幅）
第 126 页（两幅）
**高黎**
第 66 页（下）
第 67 页
第 74 页（下）
第 79 页（上）
第 80 页
第 81 页（两幅）
第 130 页
第 131 页
第 132 页
第 133 页
**照片主人提供**
第 150 页
**蔡祥飞**
第 14 页（中间）
第 38 页
第 39 页（两幅）
第 52 页
第 53 页（上）
第 54 页（下）
第 58 页
第 61 页
第 111 页
第 113 页
**其余图片全部由作者郭锐提供**

# 后记

历史在进步，文化在发展，佤族文化因其独特而鲜见近年来吸引了社会各界越来越多的关注。

她外显的张扬，内敛的凝重，加上神秘的生境，组合营造出一种独具魅力的人文氛围。在全球化与本土化的助推下，学术界同样开始关注该族群的历史文化、社会存在以及当下的各种变迁演绎等。本书得以在较短时间内形成图文并茂的文本实非凭空得来，乃是长期积淀的结果。

总体上说，一是资料的收集，二是图片的收集，更是长期思考、沉淀的结果。为此，在以往无数次的田野调查过程中，在中、缅两国的佤族社区，在一个个记得或不记得名字的村村寨寨，接触过数以百计不同年龄、不同性别、不同社会阶层的调查对象。有的回想起来一颦一簇犹如眼前，历史场景电影一般历历在目；而有的早已模糊不清，图像不再清晰可辨，只能依靠当时的日志，翻阅旧有的手稿，重拾往昔的经历及那些远去的身影；有的仅仅是一面之交，有的则是曾促膝长谈、通宵达旦；其中有的人终生难忘，但很多人连名字都不曾记住。此时此刻，他们却涌泉般映入脑海。那份亲切，那些感动，令怀旧的心情难以平静。独坐陋室，闭目沉思，指间烧尽的烟灰已经积了长长的一截，思绪还在遥远的地方游荡、徜徉，久久难以收回。林林总总之余，最后还是定格在刻骨铭心的两个斗大字眼上即发自心底的——感谢。

资料的收集对于民族学研究者来说，尽管有“行万里路，破万卷书，吃千家饭，睡百家床”的自诩和辛劳，但它仅仅是整个行程的初始，资料收集后的分类与整理，才是更为漫长且枯燥乏味的爬梳工作，是为第二阶段的工作。此时家人的陪伴和理解，亲朋好友的鼓励与支持，学界同仁乃至师友学生的提点、建议与帮助，甚至是更为难得的批评和碰撞。历经之后，都凝练成最为温馨的怡神良药，滋补清润，久留余香。

苦思冥想，设置框架结构，梳理写作提纲，当然要花费一番心力，虽是自不待言的过程，也是充满激情的创造性经历，是为第三阶段的工作。学养底蕴，理论思考，条理布局均在此阶段的独立思考中完成。至于水平和价值，只好留作他人及后人的评说。个人而言秉承“尽人事，知天命”，尽力了就不后悔，依然是不变的信条。

在最后的阶段我必须提及的是我们的几个充满学习激情，又怀揣学术梦想的硕士研究生，他们是本书稿各章依据笔者的框架提纲和资料行文动笔最初的整理者，在此我将一一列举。他们是：

第一章 中南半岛的古老族群 高黎

第二章 两江之间的阿佤山区 王烬

第三章 荡气回肠的历史交响 韦莲花

第四章 民居建筑与饮食习俗 王烬

第五章 生命周期与人生礼仪 任重远

第六章 古老的语言　年轻的文字 高黎

第七章 信仰世界与传统制度 王秀丽

第八章 经济生活 张一平

第九章 异彩纷呈的服饰 张一平

第十章 文学艺术和民间技艺 史志丽

第十一章 生存智慧与民族节日 王烬

其中，在后期的书目和图片整理及文字修改过程中，我的两位研究生高黎和王烬付出了更多的辛劳。毫不讳言地讲，没有他们辛勤的劳动及所付出的努力，本书不可能如此迅速地面世，在作坊式教与学互长的环境中，我在这些青春洋溢的青年身上，看到了学科的未来和希望。在此一并对以上后学们致以真诚而应有的谢意。

郭　锐

2014年11月1日